Partha Pratim Chakraborty

A minha Viagem Verde: Hoteleiro para Viajante

Partha Pratim Chakraborty

A minha Viagem Verde: Hoteleiro para Viajante

Viagens sustentáveis em 2023 e mais além

ScienciaScripts

Imprint
Any brand names and product names mentioned in this book are subject to trademark, brand or patent protection and are trademarks or registered trademarks of their respective holders. The use of brand names, product names, common names, trade names, product descriptions etc. even without a particular marking in this work is in no way to be construed to mean that such names may be regarded as unrestricted in respect of trademark and brand protection legislation and could thus be used by anyone.

Cover image: www.ingimage.com

This book is a translation from the original published under ISBN 978-620-5-52540-1.

Publisher:
Sciencia Scripts
is a trademark of
Dodo Books Indian Ocean Ltd. and OmniScriptum S.R.L publishing group

120 High Road, East Finchley, London, N2 9ED, United Kingdom
Str. Armeneasca 28/1, office 1, Chisinau MD-2012, Republic of Moldova, Europe
Printed at: see last page
ISBN: 978-620-5-56825-5

Copyright © Partha Pratim Chakraborty
Copyright © 2023 Dodo Books Indian Ocean Ltd. and OmniScriptum S.R.L publishing group

My Green Journey : Hotelier para Viajante

Capítulo 1: O Mundo de Hoje e Antecedentes Sustentáveis 2

Capítulo 2: As certificações ecológicas não ajudam financeiramente os hotéis 9

Capítulo 4: Criar uma situação vantajosa para ambas as partes 19

Capítulo 5: O verdadeiro desafio da hospitalidade na via da sustentabilidade em 2022 22

Capítulo 6 : É o Director Executivo do Hotel ? É assim que pode ficar verde 26

Capítulo 7 : É um viajante verde? Verifique estas necessidades para ser um 40

Capítulo 8 : Turismo ecológico na Índia 46

Capítulo 9 : O Turismo Ecológico Ajuda e Como 50

Capítulo 10 : Principais destinos ecologicamente corretos na Índia 52

Capítulo END : As Estatísticas de Viajante 78

Capítulo 1: O Mundo de Hoje e Antecedentes Sustentáveis

Como o mundo procura reconstruir a pós-pandemia, a indústria de viagens e turismo tem uma oportunidade de abraçar uma nova visão para o desenvolvimento sustentável. Com a Assembleia Geral das Nações Unidas a declarar 2022 como o Ano Internacional do Turismo Sustentável para o Desenvolvimento, a Índia tem uma oportunidade de liderar o caminho em matéria de viagens sustentáveis. A pandemia da COVID-19 tem sido uma chamada de atenção para o mundo. Tem sublinhado a importância da saúde e da higiene, e a necessidade de um desenvolvimento sustentável que satisfaça as necessidades das gerações actuais sem comprometer a capacidade das gerações futuras de satisfazerem as suas próprias necessidades. Ao procurarmos reconstruir, devemos agarrar a oportunidade de reconstruir melhor. O sector do turismo é um dos principais contribuintes para o PIB e o emprego na Índia, e tem o potencial para impulsionar o crescimento económico inclusivo e fomentar o desenvolvimento sustentável.

Para realizar este potencial, devemos adoptar uma abordagem holística que considere as dimensões ambiental, social e económica do desenvolvimento sustentável. Devemos também integrar a sustentabilidade em todos os aspectos do planeamento e da elaboração de políticas. Ao fazê-lo, podemos construir um sector turístico que seja resistente ao clima, inclusivo e que proporcione benefícios duradouros para todos.

A devastação física e económica provocada pelo vírus deixou bem claro que o nosso modelo actual de desenvolvimento não é sustentável. Em resposta, a Assembleia Geral das Nações Unidas declarou 2022 como o Ano Internacional do Turismo Sustentável para o Desenvolvimento. Isto representa uma oportunidade para a Índia demonstrar o seu empenho na sustentabilidade e liderança na cena mundial. Sendo o segundo país mais populoso do mundo, a Índia encontra-se numa posição única para liderar o caminho do turismo sustentável. O país ostenta uma rica tapeçaria de culturas, religiões e património natural, que pode ser aproveitada para atrair visitantes de todo o mundo. Além disso, a Índia fez grandes progressos nos últimos anos em termos de desenvolvimento económico, tornando-a num destino cada vez mais atractivo para turistas responsáveis.

Fonte : https://www.theindianwire.com/

Para aproveitar ao máximo esta oportunidade, é essencial que a Índia tome medidas concretas para promover práticas de turismo sustentável. Isto inclui medidas como o desenvolvimento de infra-estruturas ecológicas, o investimento em tecnologias verdes, e o incentivo às comunidades locais para beneficiarem da actividade turística.

Ao mostrar o seu compromisso com a sustentabilidade, a Índia pode dar o exemplo a outros países e ajudar a criar um futuro mais sustentável para todos nós.

O sector do turismo é um dos principais pilares da economia da Índia, representando 10% do PIB do país. Em 2019, a Índia acolheu um número recorde de turistas internacionais, com mais de 10 milhões de visitantes a gastarem quase 30 mil milhões de dólares americanos. O governo indiano estabeleceu objectivos ambiciosos para aumentar ainda mais este número, com o objectivo de atrair 20 milhões de turistas internacionais até 2020 e 100 milhões até 2025. Contudo, se a Índia quiser atingir estes objectivos de forma sustentável, terá de fazer algumas mudanças importantes.

Há muitas razões pelas quais a Índia é um destino tão popular para turistas de todo o mundo. O país alberga uma riqueza de atracções históricas e culturais, desde as grutas do Taj Mahal e Ajanta até aos templos de Varanasi e Hampi. A Índia também oferece uma diversidade de paisagens, desde os Himalaias cobertos de neve até às praias tropicais de Goa, Kerala e Ilhas Andaman. E com a sua economia em rápido crescimento e infra-estruturas em evolução, a Índia é um destino cada vez mais conveniente e confortável para os viajantes. A Índia é um país com uma história rica e vibrante que se estende ao longo de séculos.

Desde as antigas ruínas da civilização do Vale do Indo até à cultura mais contemporânea de Mumbai, há muito a explorar neste vasto e variado país. E com a sua abundância de beleza natural, desde os Himalaias cobertos de neve até às exuberantes selvas do sul, não faltam coisas para ver e fazer na Índia. Com o seu rico património e imenso potencial, não há dúvida de que a Índia continuará a ser um dos principais destinos turísticos do mundo nos próximos anos. Assim, quer pretenda explorar ruínas antigas ou desfrutar de alguma cultura contemporânea, não deixe de acrescentar a Índia à sua lista de viagens.

Com o seu rico património e imenso potencial, não há dúvida de que a Índia continuará a ser um dos principais destinos turísticos do mundo durante os próximos anos. Assim, quer pretenda explorar ruínas antigas ou desfrutar de alguma cultura contemporânea, não deixe de acrescentar a Índia à sua lista de viagens.

O sector do turismo tem um grande potencial para contribuir para o desenvolvimento sustentável. Contudo, para realizar este potencial, devemos adoptar uma abordagem holística que considere as dimensões ambiental, social, e económica do desenvolvimento sustentável. Devemos também integrar a sustentabilidade em todos os aspectos do planeamento e da elaboração de políticas. Ao fazê-lo, podemos construir um sector turístico que seja resistente ao clima, inclusivo e que proporcione benefícios duradouros para todos. Quando se trata do ambiente, temos de tomar medidas para reduzir a pegada de carbono do nosso sector e proteger os recursos naturais. Por exemplo, podemos promover a utilização de energias renováveis, melhorar a eficiência dos recursos e as práticas de gestão de resíduos, e desenvolver infra-estruturas verdes. Na vertente social, podemos trabalhar para criar empregos decentes e fomentar a inclusão social. E na frente económica, podemos construir uma economia turística mais sustentável e resiliente, diversificando a nossa oferta, apoiando as empresas locais e promovendo o consumo responsável. A consecução de um turismo sustentável exigirá esforços de todos os sectores da sociedade. Mas se trabalharmos juntos, estou confiante de que podemos fazer do turismo uma força para o bem no mundo.

Actualmente, o turismo na Índia é em grande parte impulsionado por iniciativas de turismo de massas, tais como as campanhas "Visit India Year". Estes programas têm como objectivo atrair o maior número possível de visitantes com pouca consideração pelo impacto ambiental ou social. Como resultado, resultam frequentemente em sobrelotação em destinos turísticos populares, colocando pressão sobre as infra-estruturas locais e causando danos ambientais. A fim de crescer de forma sustentável, a Índia terá de se concentrar na qualidade sobre a quantidade, promovendo destinos menos conhecidos e práticas de turismo responsável.

Uma forma de promover o turismo sustentável é através do ecoturismo. Este tipo de turismo centra-se na conservação dos recursos naturais e na protecção das culturas locais. É uma forma cada vez mais popular de turismo a nível global, com 66% dos viajantes a manifestarem interesse em férias amigas do ambiente. A Índia é o lar de algumas das mais incríveis biodiversidades do mundo, tornando-a um destino principal para o ecoturismo. Desde tigres e elefantes no Parque Nacional de Bandhavgarh até aos leopardos da neve no Parque Nacional de Hemis, a Índia oferece uma riqueza de experiências únicas de vida selvagem. Ao promover iniciativas de ecoturismo, a Índia pode posicionar-se como líder no turismo sustentável, ao mesmo tempo que impulsiona a sua economia.

Outro elemento-chave do turismo sustentável é a sensibilidade cultural. Com mais de 1,3 mil milhões de habitantes pertencentes a milhares de culturas e religiões diferentes, a Índia é um dos países com maior diversidade cultural do mundo. Infelizmente, esta diversidade não está frequentemente representada na indústria turística da Índia. As iniciativas de turismo de massa não têm frequentemente em conta os costumes e crenças locais, resultando em insensibilidade cultural. Isto pode ser visto em tudo, desde a forma como os operadores turísticos comercializam os seus produtos até à forma como interagem com as comunidades locais. Para promover o turismo sustentável, é essencial que a sensibilidade cultural se torne uma prioridade em toda a indústria.

O turismo sustentável é crucial para proteger o nosso ambiente e as nossas culturas de práticas de desenvolvimento nocivas. Se feito correctamente, pode também proporcionar oportunidades económicas muito necessárias, particularmente nos países em desenvolvimento. Acredito que com um planeamento e execução cuidadosos, a Índia pode ser um líder mundial no turismo sustentável. O que pensa?

A indústria global do turismo está em plena expansão, e com este crescimento vem tanto a oportunidade como a responsabilidade. À medida que cada vez mais pessoas viajam para lugares novos e exóticos, é essencial que tomemos medidas para proteger o ambiente e as culturas que visitam. O turismo sustentável é uma forma de o conseguir. O turismo sustentável é definido como "turismo que não tem impacto negativo no ambiente ou nas comunidades locais" (Organização Mundial do Turismo).

Isto inclui tudo, desde a eliminação responsável de resíduos até ao apoio às empresas locais. Significa também assegurar que os turistas tenham uma experiência cultural positiva, respeitando os costumes e tradições locais. o turismo sustentável não só beneficia o ambiente e as comunidades locais, como também pode proporcionar oportunidades económicas muito necessárias. Em muitos países em desenvolvimento, o turismo é uma das maiores indústrias e uma importante fonte de rendimento. Contudo, se não for gerido correctamente, pode também levar a consequências negativas, tais como degradação ambiental e apropriação cultural. Por conseguinte, é tão importante que países como a Índia o façam correctamente.

Fonte : https://www.iucn.org/

Há muitas razões pelas quais a Índia está bem posicionada para ser um líder mundial no turismo sustentável. Em primeiro lugar, o país tem uma longa história de acolhimento de visitantes de todo o mundo. A Índia é também o lar de algumas das mais diversas paisagens e culturas do planeta. Desde as deslumbrantes montanhas dos Himalaias até às movimentadas ruas de Deli, há algo para todos desfrutarem. Além disso, o governo indiano fez da sustentabilidade uma prioridade nos últimos anos, com várias iniciativas destinadas a reduzir a poluição e a proteger os recursos naturais. Com planeamento e execução cuidadosos, acredito que a Índia pode tornar-se um modelo para o desenvolvimento do turismo sustentável.

A pandemia da COVID-19 infligiu um duro golpe à indústria de viagens e turismo a nível mundial. No entanto, também apresentou uma oportunidade de mudança. Ao olharmos para a recuperação, usemos este momento como uma oportunidade para reconstruir melhor e criar um futuro mais sustentável para todos.

A pandemia da COVID-19 teve um impacto devastador na indústria das viagens e do turismo. De acordo com o World Travel and Tourism

Council, espera-se que a indústria perca 2,7 biliões de dólares em 2020, com as chegadas de turistas internacionais a cair 58%. Isto está a ter um efeito de ondulação em todo o mundo, com a destruição de empresas e meios de subsistência. A pandemia também fez brilhar uma luz sobre as práticas insustentáveis da indústria. Por exemplo, as viagens aéreas são uma das actividades com maior intensidade de carbono, e o sector representou 918 milhões de toneladas de CO_2 em 2019. Com as restrições globais às viagens susceptíveis de continuar durante algum tempo, isto representa uma oportunidade para a indústria se recompor e reconstruir melhor.

Os próximos passos que tomarmos serão cruciais para determinar se este momento conduz a uma mudança positiva ou se resulta simplesmente num regresso à actividade normal. Temos de aproveitar esta oportunidade para construir um futuro mais sustentável para todos. Utilizemos este momento como uma oportunidade para criar uma indústria de viagens e turismo que funcione para as pessoas e para o planeta.

Capítulo 2: As certificações ecológicas não ajudam financeiramente os hotéis

Um estudo descobriu que as certificações ecológicas não ajudavam financeiramente os hotéis. O estudo foi conduzido por investigadores da Universidade de Nebraska-Lincoln. O estudo analisou as certificações verdes, tais como Leadership in Energy and Environmental Design (LEED) e Green Globe. O estudo concluiu que estas certificações não conduziram a um aumento das receitas ou lucros para os hotéis. O estudo também descobriu que as certificações ecológicas não conduziram a uma redução dos custos energéticos ou do consumo de água. Os autores do estudo sugerem que os hoteleiros devem considerar outros factores, tais como a satisfação do cliente, ao decidir se devem ou não procurar obter uma certificação ecológica.

O estudo realizado no Cornell Hospitality Quarterly, sondou mais de 1.200 adultos norte-americanos que tinham permanecido num hotel durante o ano passado. Os inquiridos foram questionados sobre as suas preferências por serviços e comodidades hoteleiras, bem como sobre as suas percepções de hotéis amigos do ambiente. Também lhes foi perguntado se tinham ficado num hotel amigo do ambiente no ano passado. Em geral, os inquiridos disseram que estavam interessados em ficar em hotéis amigos do ambiente, com quase 60% a dizer que estariam dispostos a pagar mais por tais acomodações. Mas apenas cerca de 20% dos inquiridos disseram ter ficado alojados num hotel amigo do ambiente no ano passado.

"O nosso trabalho explora o fosso entre a intenção dos clientes de visitarem hotéis amigos do ambiente e onde estão a reservar noites", disse Christina Chi, professora de gestão de empresas de hospitalidade no Carson College of Business da WSU e a principal autora do estudo. "Esta é uma questão importante tanto para os hoteleiros como para os decisores políticos, uma vez que trabalhamos para criar uma indústria de turismo mais sustentável".

Há várias explicações possíveis para a discrepância entre as preferências declaradas e o comportamento real, disseram os autores. Uma é que os consumidores podem não ser capazes de identificar facilmente os hotéis amigos do ambiente quando procuram alojamento em linha. Outra possibilidade é que os consumidores podem acreditar que todos os hotéis são igualmente amigos do ambiente e, portanto, não vêem necessidade de procurar marcas ou propriedades específicas.

Os resultados sugerem que os hoteleiros precisam de fazer um melhor trabalho de marketing das suas acomodações ecológicas a potenciais hóspedes, disseram os autores. Também precisam de tornar mais fácil para os consumidores encontrar e reservar tais quartos. Os responsáveis políticos, entretanto, precisam de continuar a trabalhar na criação de normas voluntárias e programas de certificação para hotéis que queiram fazer publicidade a si próprios como sendo amigos do ambiente. A pressão sobre a indústria do turismo para se tornar mais sustentável aumenta à medida que os consumidores se tornam mais conscientes do impacto ambiental das suas escolhas de viagem.

As certificações ecológicas para hotéis são uma forma de as empresas do sector poderem assinalar o seu compromisso com a sustentabilidade. Contudo, um novo estudo descobriu que estas certificações não têm um efeito positivo no desempenho financeiro. A investigação, conduzida por uma equipa de académicos empresariais internacionais, analisou dados de mais de 1.000 hotéis nos Estados Unidos e descobriu que as certificações ecológicas não conduziram a uma maior rentabilidade ou taxas de ocupação. Os autores do estudo sugerem que os hoteleiros devem considerar outras estratégias para se tornarem mais sustentáveis, tais como investir em tecnologias energeticamente eficientes ou estabelecer parcerias com organizações locais que promovam práticas de turismo sustentável.

À medida que a indústria do turismo continua a crescer, terá de encontrar formas de operar de uma forma mais sustentável. Este estudo proporciona valiosos conhecimentos sobre os desafios e oportunidades associados a tornar o sector mais amigo do ambiente.

Um novo estudo da UNWTO e Eco-Age descobriu que as certificações ecológicas não ajudam financeiramente os hotéis. O relatório, intitulado "The Tourism Climate Change Mitigation Agenda: Time for Leadership", exorta a indústria do turismo e da hospitalidade a agir sobre as alterações climáticas.

O estudo pesquisou mais de 400 empresas de viagens e turismo e descobriu que 61% dos hoteleiros disseram que as certificações ecológicas não têm impacto nos seus resultados. Além disso, apenas 3% dos inquiridos disseram que estariam dispostos a pagar mais por produtos ou serviços amigos do ambiente. O relatório conclui que a indústria do turismo e da hotelaria deve fazer mais para reduzir o seu impacto ambiental.

As certificações ecológicas são uma forma de mostrar empenho em práticas de turismo sustentável, mas devem ser acompanhadas por outras medidas, tais como iniciativas de eficiência energética e programas de compensação de carbono. Caso contrário, a indústria do turismo e da hospitalidade continuará a ser um dos principais contribuintes para as alterações climáticas.

As certificações ecológicas para hotéis não parecem proporcionar quaisquer benefícios financeiros significativos, de acordo com um novo estudo da Universidade do Estado de Washington (WSU). O estudo, recentemente publicado no Journal of Travel Research, é o primeiro a examinar o impacto económico das certificações ecológicas em hotéis.

De acordo com Oscar (Henguxan) Chi, co-autor do estudo e professor assistente na Universidade da Florida, que conduziu a investigação enquanto prosseguia o seu doutoramento na WSU, "o negócio do turismo contribui para as alterações climáticas e sofre significativamente com elas". Como tal, tem havido uma tendência crescente entre os hotéis para implementar práticas amigas do ambiente a fim de reduzir o seu impacto ambiental.

As certificações ecológicas são uma forma de os hotéis poderem assinalar o seu compromisso com a sustentabilidade. No entanto, se estas certificações têm algum benefício financeiro para os hotéis tem sido largamente desconhecido.

Para responder a esta pergunta, os investigadores analisaram dados de mais de 1.000 hotéis dos EUA que participaram no Programa Líderes Verdes da TripAdvisor. Este programa atribui classificações Eco Leader a hotéis com base nas suas práticas ambientais.

Os investigadores descobriram que os hotéis com classificação Eco Leader não obtiveram quaisquer benefícios financeiros significativos devido à sua certificação. De facto, descobriram que os hotéis com certificação Eco Leader tinham uma rentabilidade ligeiramente inferior à dos hotéis não-certificados.

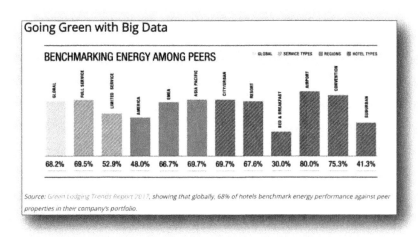

Embora estas conclusões possam ser decepcionantes para os hoteleiros que esperam impulsionar os seus resultados, ao tornarem-se verdes, Chi argumenta que a certificação ecológica ainda é importante para sinalizar um compromisso com a sustentabilidade. Dada a crescente preocupação do público com as alterações climáticas, os hotéis com certificação Eco Leader podem ser mais atractivos para viajantes com consciência ambiental. Além disso, à medida que cada vez mais hotéis adoptam práticas amigas do ambiente, é provável que o custo de obter a certificação diminua. No entanto, por enquanto, parece que as certificações ecológicas não estão a dar um impulso financeiro aos hotéis.

Capítulo 3 Hotéis Verdes - está mesmo lá na Índia?

A florescente indústria hoteleira da Índia está a enfrentar os desafios da sustentabilidade. Já não é uma escolha, mas sim uma necessidade. No entanto, recursos limitados e custos crescentes podem ser oportunidades disfarçadas. O sector da hotelaria tem mostrado um crescimento impressionante na última década com a proliferação de apartamentos de serviço, cadeias de empresas Necessidade do momento - Sector Hoteleiro Sustentável 5, hotéis boutique, e resorts de luxo. A Índia está projectada para se tornar o segundo maior mercado para hotéis até 2028.

Com o rápido aumento dos viajantes internacionais e nacionais, prevê-se que o sector cresça a uma taxa de crescimento anual composta (CAGR) de cerca de 8,9% durante 2018-2023. O aumento das viagens de lazer e de negócios está a impulsionar a procura de alojamento em todas as geografias. O aumento das chegadas de turistas também tem estimulado a necessidade de novos quartos de hotel na Índia. Por exemplo, estimativas oficiais sugerem que Deli precisará de mais 50.000 quartos de hotel até 2021 para acompanhar a procura por parte dos consumidores.

Os desafios - Embora o futuro pareça promissor para a indústria hoteleira da Índia, esta também enfrenta vários desafios que devem ser enfrentados para se conseguir um crescimento sustentável. Um dos maiores desafios é a escassez de recursos. Com a população da Índia a ultrapassar os 1,4 mil milhões até 2030, haverá uma maior concorrência pela terra, água e outros recursos. Além disso, é provável que as alterações climáticas tenham um impacto significativo no sector da hotelaria e restauração. Por exemplo, a subida do nível do mar poderá levar a inundações costeiras e a danos nas estâncias balneares à beira-mar.

Além disso, espera-se que eventos climáticos extremos, tais como secas e ondas de calor, se tornem mais frequentes e intensos, representando riscos significativos tanto para locais de hospitalidade interiores como exteriores. Outro desafio enfrentado pelo sector hoteleiro é a inflação de custos. Os custos crescentes associados à mão-de-obra, energia e abastecimento alimentar estão a exercer pressão sobre as margens de lucro. Além disso, regulamentos ambientais rigorosos estão a forçar algumas empresas a investir em tecnologias ecológicas dispendiosas.

Dados estes desafios, é evidente que a indústria hoteleira deve começar a operar de uma forma mais sustentável se quiser continuar a crescer ao seu ritmo actual. A sustentabilidade apresenta tanto riscos como oportunidades para o sector hoteleiro. Por um lado, a escassez de recursos e a inflação de custos podem levar a custos operacionais mais elevados e a lucros reduzidos. Por outro lado, as iniciativas de sustentabilidade poderiam ajudar os hotéis a poupar dinheiro, atrair novos clientes, e diferenciar-se dos seus concorrentes. Para ter sucesso no actual ambiente empresarial em rápida mudança, é imperativo que os hotéis adoptem a sustentabilidade como uma parte essencial das suas operações.

A indústria hoteleira indiana está preparada para um boom nos próximos cinco anos, com o número de quartos de hotel a aumentar 143 por cento para mais de 150.000. No entanto, os peritos dizem que a indústria ainda não está consciente do esgotamento dos níveis das águas subterrâneas, dos custos energéticos e dos resíduos sólidos que irão criar ao longo do caminho. Com o sector turístico também a crescer rapidamente, existe o perigo de a indústria hoteleira vir a colocar ainda mais pressão sobre os recursos da Índia.

A água já é um recurso escasso em muitas partes do país, e o aumento da procura por parte dos hotéis só irá exacerbar a situação. Do mesmo modo, os hotéis são grandes utilizadores de energia, e o aumento do número de quartos conduzirá a um aumento significativo das emissões. Finalmente, os hotéis geram uma grande quantidade de resíduos sólidos, que frequentemente acabam em aterros sanitários. Com o número de hotéis fixado para duplicar em tamanho, é essencial que a indústria se torne mais sustentável. Caso contrário, o impacto ambiental do boom hoteleiro da Índia poderá ser desastroso.

O turismo sustentável foi definido como "o turismo que não tem impacto negativo no ambiente ou nas sociedades onde teve lugar". Por outras palavras, o turismo sustentável é o turismo que não sacrifica recursos a longo prazo para ganhos a curto prazo. Em vez disso, procura encontrar um equilíbrio entre os dois.

O turismo sustentável é frequentemente pensado em termos de sustentabilidade ambiental, mas pode também referir-se à sustentabilidade social e económica. sustentabilidade ambiental, sustentabilidade social, e sustentabilidade económica. Nos países desenvolvidos, o turismo sustentável está no centro das discussões devido à crescente consciência dos recursos limitados disponíveis e da necessidade de proteger estes recursos para as gerações futuras.

Portanto, não é de admirar que a Organização Mundial do Turismo das Nações Unidas tenha escolhido a sustentabilidade como a sua principal agenda para 2012. O objectivo da UNWTO é promover práticas de turismo sustentável em todo o mundo e ajudar os países na transição para um modelo mais sustentável de desenvolvimento turístico. Embora tenham sido feitos alguns progressos, há ainda um longo caminho a percorrer até que o turismo sustentável se torne a norma. Nos países desenvolvidos, o turismo sustentável está na vanguarda das discussões sobre como conciliar as necessidades das economias com a necessidade de proteger os recursos naturais e culturais.

À medida que os países em desenvolvimento se esforçam por alcançar os seus homólogos desenvolvidos, fariam bem em aprender com os erros do passado e abraçar práticas de turismo sustentável desde o início. Só trabalhando em conjunto podemos esperar construir um futuro mais sustentável para todos.

As palavras do Secretário-Geral Ban Ki-moon soam especialmente verdadeiras à luz dos recentes furacões devastadores que atingiram várias partes do mundo. Embora possa parecer que as nossas acções individuais não podem fazer a diferença face a tais desastres naturais, cada acto é de facto importante. Por exemplo, a doação para os esforços de socorro ou o voluntariado para ajudar a reconstruir casas e infra-estruturas são ambas formas directas de ajudar aqueles que foram afectados.

Mas também podemos ajudar, estando mais atentos ao nosso próprio consumo e apoiando iniciativas de turismo sustentável que minimizem os impactos ambientais negativos. Quando trabalhamos em conjunto, mesmo as nossas pequenas acções podem ter um grande impacto. Portanto, lembremo-nos das palavras do Secretário-Geral da próxima vez que viajarmos e tenhamos o cuidado de **"deixar apenas pegadas, não sentimentos de culpa"**.

O turismo é uma enorme indústria na Índia, com centenas de milhões de turistas que visitam o país todos os anos. A indústria

do turismo é um dos principais contribuintes para a economia, sendo responsável por cerca de seis por cento do produto interno bruto. A indústria está a crescer rapidamente, e as empresas de hospitalidade em todo o mundo estão a investir fortemente nela. Espera-se que o número de chegadas turísticas aumente significativamente nos próximos anos, e espera-se que a indústria do turismo venha a desempenhar um papel ainda maior na economia. O governo está a trabalhar para melhorar as infraestruturas e promover a Índia como um destino turístico. O futuro parece promissor para a indústria do turismo na Índia.

Com 350 milhões de turistas a afluir à Índia todos os anos, não é de admirar que a indústria da hospitalidade esteja em plena expansão. contribuindo com quase seis por cento para o produto interno bruto do país. Espera-se que o sector cresça ainda mais nos próximos anos, atraindo ainda mais turistas de todo o mundo. Os manda-chuvas da hotelaria estão a tomar nota e a investir fortemente no mercado turístico indiano. Com um potencial de crescimento tão forte, é evidente que o futuro do turismo na Índia está a ser brilhante.

À medida que o mundo se interliga cada vez mais, assistimos a uma tendência crescente de empresas multinacionais a expandir as suas operações para novos mercados. Isto é particularmente verdade no caso da Índia, que tem registado um boom no investimento estrangeiro nos últimos anos. Uma consequência deste afluxo de empresas internacionais é a introdução de novas práticas ambientais. Muitas destas empresas vêm de países com regulamentos ambientais rigorosos, e são frequentemente capazes de transferir estas práticas para as suas filiais indianas. No entanto, a implementação de tais medidas no contexto indiano nem sempre é simples. Há vários factores a ter em conta, tais como as condições climáticas locais, normas culturais e a disponibilidade de recursos.

Como resultado, é muitas vezes necessário adaptar estas práticas às circunstâncias específicas da Índia. No entanto, a presença crescente de empresas internacionais está gradualmente a ajudar a aumentar a consciência e as normas ambientais no país.

O sector da hospitalidade tem estado sob pressão para adoptar práticas sustentáveis há já muitos anos. Com o aumento da consciência da importância da conservação e da necessidade de proteger os nossos recursos naturais, cada vez mais pessoas procuram formas de reduzir o seu impacto sobre o ambiente. Como resultado, o turismo sustentável tornou-se uma das tendências mais quentes no sector.

No entanto, embora muitos hoteleiros tenham saltado para o comboio, encontram-se muitas vezes perdidos quando se trata de medir o impacto dos seus esforços. **De acordo com Manav Thadani, presidente da empresa de consultoria em hotelaria HVS, este é um grande problema que precisa de ser resolvido. "Todos querem juntar-se ao comboio do turismo sustentável", disse ele. "Muitos hotéis começaram a chamar-se verdes, mas ainda não são capazes de o medir".** Thadani acredita que os hotéis precisam de fazer um melhor trabalho de rastreio e de relato do seu progresso para mostrar aos hóspedes que levam a sustentabilidade a sério. Sem esta transparência, argumenta Thadani, o turismo sustentável não passará de uma palavra-chave.

A indústria hoteleira da Índia está em plena expansão. De acordo com um relatório recente, espera-se que o país acrescente cerca de 300.000 quartos de hotel até 2021. Esta rápida expansão é impulsionada por uma crescente classe média e por um aumento da chegada de turistas estrangeiros. Embora isto seja uma boa notícia para a economia, vem com um lado negativo. A indústria hoteleira é um dos sectores mais intensivos em energia, e o rápido crescimento do sector está a colocar uma pressão sobre os já limitados recursos do país. Em reconhecimento deste desafio, alguns hotéis estão a começar a adoptar práticas sustentáveis.

A cadeia hoteleira ITC, por exemplo, recebeu o prémio de liderança em design energético e ambiental (LEED) pelas suas "práticas verdes de classe mundial". O LEED é um sistema de certificação de edifícios verdes reconhecido internacionalmente, proporcionando a verificação por terceiros de que um edifício foi concebido de uma forma sustentável. Contudo, este prémio não é representativo do quadro mais amplo da indústria hoteleira da Índia. A maioria dos hotéis no país continuam a operar de forma insustentável, e há um longo caminho a percorrer até que a indústria possa ser considerada sustentável.

O inquérito concluiu que a eficiência energética era de primordial importância nas decisões de investimento de cerca de 66% dos hotéis na Alemanha. A Índia, no entanto, não conseguiu fazer grandes progressos nesta importante questão, apesar de ter tomado algumas medidas nos últimos anos. Isto é intrigante porque vários estudos demonstraram que existe um enorme potencial para ganhos de eficiência energética no sector hoteleiro do país.

Uma razão para o lento progresso poderia ser que a maioria dos hoteleiros na Índia ainda não estão conscientes dos benefícios da eficiência energética. A falta de conhecimento das tecnologias disponíveis e das opções de financiamento é também um obstáculo importante. Há uma necessidade urgente de abordar estas questões se a Índia quiser alcançar os seus homólogos mundiais nesta importante questão ambiental.

"Os hotéis na Índia não querem incomodar os seus hóspedes, impondo instruções amigas do ambiente", disse Thadani. **"Em segundo lugar, eles pensam na sustentabilidade como um investimento financeiro adicional. Este estado de espírito tem de mudar".** Thadani prosseguiu dizendo que existem muitas formas fáceis e rentáveis de os hotéis serem mais sustentáveis, desde a utilização de luzes LED até à instalação de painéis solares. ela observou também que as práticas sustentáveis podem poupar dinheiro aos hotéis a longo prazo. Esperançosamente, à medida que a consciência da importância da sustentabilidade cresce, mais hotéis na Índia começarão a implementar políticas amigas do ambiente.

Capítulo 4: Criar uma situação vantajosa para ambas as partes

Ao contrário da percepção popular de que "ficar verde" é um assunto caro, várias cadeias de hotéis estão a colher os seus benefícios. O grupo Hilton, por exemplo, poupou 147 milhões de dólares a nível mundial ao reduzir o seu consumo de energia e água numa média de 15 por cento em 2011. O grupo Marriott seguiu o exemplo com uma redução de 20% no consumo de energia em todos os seus hotéis a nível mundial. Estas reduções foram conseguidas através de uma variedade de medidas, tais como a adaptação de aparelhos de iluminação e sistemas de aquecimento e arrefecimento, a instalação de janelas e portas energeticamente eficientes, e a optimização do funcionamento de máquinas de lavar roupa e máquinas de lavar loiça. Para além de poupar nos custos energéticos, estas medidas também ajudaram a melhorar as pegadas ambientais dos hotéis. À medida que mais cadeias hoteleiras se esforçam por adoptar práticas sustentáveis, tornar-se verde pode ser bom tanto para o resultado final como para o ambiente.

Um estudo recente realizado em 2022 pelo consultor ambiental Manish Thadani mostra que os hotéis podem aumentar os seus lucros através da adopção de práticas sustentáveis. Thadani descobriu que, em média, os hotéis podem aumentar os seus resultados em um a dois por cento através de medidas como a redução do consumo de energia, reciclagem de resíduos, e conservação de água. Em alguns casos, a poupança pode ser ainda maior.

Por exemplo, uma cadeia hoteleira de luxo líder na Índia poupou mais de 1 milhão de dólares no ano passado ao implementar práticas sustentáveis. O estudo mostra que existem incentivos financeiros significativos para que os hotéis adoptem práticas sustentáveis.

Além de aumentar os lucros, os hotéis sustentáveis têm também uma vantagem competitiva no mercado e podem atrair consumidores com consciência ambiental. Com o aumento dos custos da energia e da água, e a crescente consciência das questões ambientais, os hotéis sustentáveis são a onda do futuro.

A indústria hoteleira está a lutar com as muitas questões relacionadas com o desenvolvimento sustentável e as alterações climáticas. A pressão vem de múltiplos intervenientes - governos, ONG, investidores e convidados.

Neste contexto, o sector hoteleiro na Índia e na Alemanha apresenta um contraste interessante. As cadeias hoteleiras indianas adoptaram, em grande parte, uma agenda de sustentabilidade na sua estratégia de marketing. No entanto, têm sido lentos a integrar práticas sustentáveis nas suas operações empresariais reais. Em forte contraste, os hotéis alemães têm sido bastante relutantes em utilizar a sua orientação ambiental para fins de marketing.

No entanto, uma proporção significativa dos hotéis alemães já incorporaram práticas sustentáveis nas suas operações comerciais. Esta diferença pode ser atribuída ao contexto sócio-cultural diferente dos dois países. A Índia é um país em rápido desenvolvimento, com uma grande população jovem e muito consciente das questões sociais e ambientais. Em contraste, a Alemanha é um mercado maduro com uma grande base de clientes mais velhos que estão menos preocupados com tais questões. No entanto, tanto os hotéis indianos como os alemães precisam de fazer mais para enfrentar os desafios do desenvolvimento sustentável.

Nos últimos anos, a sustentabilidade tem vindo a tornar-se uma questão cada vez mais importante para os viajantes. medida que os efeitos das alterações climáticas se fazem sentir em todo o mundo, cada vez mais pessoas procuram formas de reduzir o seu impacto sobre o ambiente. Para muitos viajantes alemães, o turismo sustentável é uma prioridade máxima. De acordo com um estudo recente da Accor, 46% dos inquiridos alemães afirmaram considerar o desenvolvimento sustentável na escolha de um hotel.

Isto é significativamente superior à média global de 30 por cento. Além disso, 60 por cento dos alemães disseram que estariam dispostos a pagar mais por serviços amigos do clima. Estes resultados sugerem que o turismo sustentável é uma tendência crescente na Alemanha. E como o número de viajantes eco-conscientes continua a aumentar, podemos esperar ver mais hotéis a oferecer alojamentos e comodidades sustentáveis.

Capítulo 5: O verdadeiro desafio da hospitalidade na via da sustentabilidade em 2022

Se tiver feito o check-in num hotel de luxo ou de luxo no ano passado, teria certamente notado que as boas e velhas garrafas de água de plástico nos quartos foram substituídas por garrafas de vidro, a escova de dentes na casa de banho ou é de madeira ou feita de bambu e os recipientes de sanitários são agora dispensadores recarregáveis em vez daquelas minúsculas garrafas descartáveis. O que à primeira vista poderia ter parecido uma remodelação ecológica é tudo menos isso.

A indústria da hospitalidade apercebeu-se do facto de que os viajantes milenares e da Gen Z estão à procura de opções de viagem sustentáveis e estão dispostos a pagar um pouco mais por isso. Contudo, os hotéis estão frequentemente empenhados no que é conhecido como "lavagem verde" - fazendo os hóspedes acreditar que estão a fazer a sua parte pelo ambiente quando não estão. Por exemplo, aquelas garrafas de água de vidro no seu quarto. Elas vieram provavelmente da China ou da Índia, depois de terem sido enviadas para o outro lado do mundo. E aquela escova de dentes de bambu? Provavelmente foi parar a um aterro depois de uma única utilização.

A melhor maneira de saber se um hotel é verdadeiramente amigo do ambiente é procurar acreditações de organizações como o LEED (Leadership in Energy and Environmental Design) ou o Green Seal. Ou, melhor ainda, abandonar completamente o hotel e optar por um aluguer sustentável para férias.

Booking.com, o líder mundial na ligação de viajantes com a mais ampla escolha de lugares incríveis para ficar, lançou hoje novas pesquisas que concluem que a sustentabilidade é agora uma das considerações mais importantes para os viajantes quando planeiam uma viagem, com 81% dos inquiridos globais a dizer que estão à procura de alojamento e opções de viagem sustentáveis devido às alterações climáticas. Os resultados, provenientes do Relatório de Viagens Sustentáveis 2019 da booking.com, mostram que 78% dos inquiridos globais querem um impacto positivo na comunidade local para onde viajam, enquanto dois terços (66%) querem reduzir a sua pegada de carbono quando viajam. Quando questionados sobre o que os faria considerar mais frequentemente as opções de viagens sustentáveis, 62% disseram ver/ouvir histórias reais sobre como as suas viagens podem ter um impacto positivo nas comunidades locais e no ambiente, enquanto quase metade (49%) disseram, mais apoio/informação das marcas de viagens sobre como podem ajudar a fazer a diferença.

Para além de descobrir que a consciência das alterações climáticas está a impulsionar a procura de opções de viagem sustentáveis por parte dos viajantes, a pesquisa de Booking. com também descobriu que o preço não é uma barreira, com quase três quartos (73%) dos inquiridos globais a dizer que estariam dispostos a pagar mais por produtos e serviços sustentáveis.

Este sentimento foi ecoado num estudo recente da Nielsen IQ (Abril de 2019), que concluiu que 73% das pessoas estão prontas a pagar mais por produtos e serviços que são sustentáveis na natureza.

A Indian Hotels Company (IHCL), mais conhecida como Grupo Taj, é uma das principais cadeias de hotéis do mundo. No início deste ano, a empresa lançou a sua iniciativa ESG, Paathya, no âmbito da qual definiu vários objetivos de sustentabilidade a curto e longo prazo destinados a tornar a cadeia hoteleira 100% sustentável até 2030. De acordo com Gaurav Pokhariyal, vice-presidente executivo (Recursos Humanos) do IHCL, a jornada de sustentabilidade da empresa não incluiria apenas a redução da sua pegada de carbono, mas também envolveria uma série de outras iniciativas como a conservação de água, gestão de resíduos e eficiência energética.

O IHCL já criou uma equipa dedicada de peritos para trabalhar na Paathya e também estabeleceu parcerias com numerosas organizações como o World Wildlife Fund (WWF) e o Climate Group para ajudar a alcançar os seus objetivos. Além disso, a empresa está a trabalhar com fornecedores e parceiros para obter materiais e produtos sustentáveis. O Sr. Pokhariyal salientou que o compromisso do IHCL com a sustentabilidade não consiste apenas em cumprir os requisitos regulamentares, mas em fazer negócios de uma forma responsável. Acrescentou que o objetivo final da empresa é criar valor a longo prazo para todos os seus intervenientes - accionistas, empregados, convidados, fornecedores, e outros.

O IHCL, associou-se recentemente ao IFC para criar uma plataforma através da qual convida os start-ups de energias renováveis a apresentar soluções de conservação de energia. De acordo com o Director Geral e CEO do IHCL, Sr. Puneet Chhatwal, "O maior custo (quase 15%-20% do nosso volume de negócios) de gerir um hotel na última década tem sido o combustível e a energia. Temos tido dificuldades quando se trata de combustível e energia, uma vez que as tarifas estão sob o controlo das autoridades reguladoras". O objectivo desta parceria é dar um impulso às soluções de Energias Renováveis na Índia, envolvendo mais actores privados como o IHCL no espaço.

Isto também ajudará a reduzir a dependência da Índia dos Combustíveis Fósseis. O prazo para apresentação de candidaturas é 31 de Julho de 2018 e o melhor arranque será seleccionado por um painel de peritos do IHCL e do IFC. A solução escolhida será então pilotada numa das propriedades do IHCL. Esta é uma grande oportunidade para os jovens empresários que trabalham no espaço das energias renováveis obterem o reconhecimento e o apoio de actores estabelecidos como o IHCL.

O Grupo Radisson estabeleceu um objectivo de se tornar zero resíduos até 2050. A cadeia de hotéis, diz Federico J. Gonzalez, CEO do Radisson Hotel Group, está a tentar pôr em prática alguns princípios básicos a curto e médio prazo. "Colocámos 15 coisas concretas (tais como medir a sua pegada de carbono, qual é o seu consumo de electricidade, se os seus fornecedores seguem práticas éticas, etc.) que pensamos serem fundamentais para qualquer negócio", disse à ET numa entrevista. Gonzalez disse que a empresa irá partilhar estes princípios com os seus franchisados e senhorios a nível mundial e trabalhar com eles para os implementar. "Os nossos hotéis geram muitos resíduos todos os dias e queremos garantir que estes resíduos não vão para aterros, mas que são reciclados ou reutilizados de alguma forma", disse ele. O objectivo zero de resíduos da empresa faz parte do seu ambicioso programa de sustentabilidade 'Radisson 2020 Planet 21'. Ao abrigo deste programa, a empresa estabeleceu um objectivo de reduzir a sua pegada global de carbono em 20 por cento até 2020 e em 50 por cento até 2030.

O IHCL também estabeleceu uma parceria com a UNESCO, no âmbito da qual adoptaria projectos de património cultural intangível nas geografias em que opera. "Estamos também a estabelecer parcerias com artesãos locais, criando experiências únicas para os nossos convidados. Poderá estar a interagir com artistas de cerâmica azul no Rajasthan ou com artistas de pattachitra em Odisha. Penso que é muito importante para nós, como empresa responsável, retribuir à sociedade, e esta parceria permitir-nos-á fazer exactamente isso", disse Pinto.

Através desta parceria, o IHCL pretende reavivar e promover a diversidade de cultura e artesanato da Índia, e criar oportunidades sustentáveis de conservação e subsistência para os artesãos tradicionais em todo o país. A companhia pretende adoptar anualmente três elementos do Património Cultural Intangível (ICH) da UNESCO, começando com o Ganga Aarti em Varanasi, a dança Chhau de Odisha,e o teatro ritual Mudiyettu de Kerala. No âmbito desta parceria, o IHCL também apoiará um programa de formação para artesãos tradicionais, criará plataformas de marketing para mostrar e vender os seus produtos, e desenvolverá soluções de ponta a ponta para a conservação sustentável destes elementos do património. "O nosso objectivo é assegurar que a experiência dos nossos convidados seja não só enriquecedora mas também relevante, ao dar vida à diversidade da nossa cultura e tradição", disse Pinto.

Capítulo 6 : É o Director Executivo do Hotel ? É assim que pode ficar verde

Os hotéis sustentáveis são empresas que reduzem significativamente o seu impacto ambiental através das melhores práticas verdes na manutenção, serviços, logística, produtos e fornecimentos. Os elementos centrais giram em torno da redução do desperdício, da poupança de energia e da redução do consumo de água. Enquanto alguns hotéis podem adoptar apenas algumas práticas sustentáveis, os hotéis verdadeiramente sustentáveis fazem da sustentabilidade uma parte essencial do seu modelo empresarial. Isto requer frequentemente um investimento significativo de tempo e recursos, mas os benefícios vão muito além da simples redução da pegada de carbono do hotel. Os hotéis sustentáveis descobrem frequentemente que poupam dinheiro em contas de serviços públicos e taxas de eliminação de resíduos, ao mesmo tempo que atraem hóspedes eco-conscientes que estão dispostos a pagar um prémio por alojamentos ecológicos. Além disso, os hotéis sustentáveis podem desfrutar de um impulso nas relações públicas e no marketing, uma vez que são frequentemente elogiados pelo seu compromisso com a responsabilidade ambiental. Em última análise, os hotéis sustentáveis representam o futuro da indústria hoteleira, e aqueles que abraçarem este modelo estarão bem posicionados para prosperar nos próximos anos.

Como a indústria hoteleira procura avançar para a sustentabilidade, há várias medidas que podem ser tomadas. Algumas destas medidas podem exigir grandes despesas de capital, tais como a substituição de um sistema HVAC. No entanto, existem também várias soluções fáceis de implementar e mesmo de baixo custo. Uma das formas mais fáceis de um hotel se tornar mais sustentável é simplesmente mudar para lâmpadas de baixo consumo energético.

Isto não só reduz o consumo de energia do hotel, como também diminui a sua pegada de carbono. Além disso, os hotéis podem reduzir o seu consumo de água através da instalação de chuveiros e sanitários de baixo caudal. Estas medidas não só ajudam o ambiente, como também poupam o dinheiro do hotel na sua conta de água.

Finalmente, outra forma fácil de os hotéis avançarem para a sustentabilidade é proporcionar aos hóspedes a opção de reutilizar toalhas e lençóis. Ao dar aos hóspedes a oportunidade de optar pela não utilização dos serviços diários de limpeza, os hotéis podem poupar água e detergente, ao mesmo tempo que reduzem a sua pegada de carbono. Estes são apenas alguns dos muitos passos que os hotéis podem dar para avançar em direcção à sustentabilidade. Com um pequeno esforço, qualquer hotel pode fazer a diferença.

Para satisfazer as necessidades das gerações actuais e futuras, as empresas devem abraçar a sustentabilidade. Isto significa operar de forma a satisfazer as necessidades do presente sem comprometer a capacidade das gerações futuras de satisfazerem as suas próprias necessidades. Há muitas formas de alcançar a sustentabilidade, mas algumas estratégias-chave incluem a redução de resíduos, a utilização de energia renovável e a concepção de produtos para a reciclabilidade. Para serem bem sucedidas, as empresas devem satisfazer os clientes, reduzindo ao mesmo tempo o seu impacto ambiental. Felizmente, existe uma tendência crescente de consumidores que procuram empresas sustentáveis. Na verdade, um em cada três consumidores prefere marcas sustentáveis, e esta preferência é especialmente forte entre os milenares. A indústria das viagens é um sector que está a tomar nota desta tendência e a dar passos em direcção à sustentabilidade.

Por exemplo, muitos hotéis estão a investir em iluminação energeticamente eficiente e painéis solares, e algumas companhias aéreas estão a compensar as suas emissões de carbono através do investimento em projectos de redução de carbono. Uma vez que as preferências dos consumidores continuam a mudar no sentido da sustentabilidade, as empresas devem fazer o mesmo se quiserem permanecer competitivas.

Com o crescimento da consciência em torno da importância de uma vida sustentável, muitas pessoas procuram formas de reduzir o seu impacto sobre o ambiente. Ao viajar, há várias coisas simples que podem ser feitas para minimizar a própria pegada ambiental. Por exemplo, a escolha de alojamento que tenham implementado práticas sustentáveis pode fazer uma grande diferença.

Uma forma de encontrar tais acomodações é procurar hotéis que participam em programas como o **Programa de Líderes Verdes da TripAdvisor**. Este programa destaca hotéis que se comprometeram com a responsabilidade ambiental, incluindo aqueles que receberam certificação LEED (Leadership in Energy and Environmental Design). Dada a importância do turismo sustentável, programas como este são essenciais para ajudar os viajantes a fazer escolhas informadas sobre o local onde se hospedam.

Ao escolher acomodações amigas do ambiente, os viajantes podem ajudar a apoiar a mudança da indústria hoteleira para a sustentabilidade e desempenhar um papel na protecção do nosso planeta. A mudança em direcção à sustentabilidade não só é melhor para o ambiente, como também pode conduzir a poupanças substanciais nos custos dos hotéis. Ao reduzir o consumo de energia e água, bem como ao investir em tecnologias e práticas ecológicas, os hotéis podem reduzir os custos operacionais e melhorar os seus resultados. Além disso, os hotéis sustentáveis desfrutam frequentemente de taxas de ocupação mais elevadas e podem comandar taxas de quartos mais elevadas. À medida que cada vez mais viajantes procuram patrocinar negócios amigos do ambiente, os hotéis que abraçam a sustentabilidade estão bem posicionados para capitalizar esta tendência crescente. Com tantos benefícios para se tornar verde, nunca houve melhor altura para os hotéis fazerem a transição para a sustentabilidade.

Vejamos as melhores formas de tornar um hotel verde:

1. **A criação de uma equipa verde** é uma óptima forma de fazer com que os empregados se interessem e se comprometam com as melhores práticas amigas do ambiente. Ao pedir aos funcionários interessados em cada departamento que participem, pode dar-lhes um sentido de propriedade das estratégias e assegurar uma maior adesão para adopção a longo prazo. Não se esqueça de mostrar o seu apreço pelos seus esforços com uma pequena bolsa, um almoço especial, ou cartões de oferta. Ao envolver os empregados desta forma, pode criar um local de trabalho mais sustentável que beneficie todos.

Muitas empresas procuram formas de se tornarem mais amigas do ambiente, mas pode ser difícil saber por onde começar. Uma forma de garantir que a sua empresa está a causar o máximo impacto é criar uma equipa verde. Esta equipa deve ser constituída por funcionários interessados de cada departamento, que assumirão a liderança na sugestão de melhores práticas na sua área.

Isto não só dará a estes empregados um sentido de propriedade das estratégias verdes, mas também aumentará o seu empenho na adopção a longo prazo. É importante reconhecer os seus esforços, seja com um pequeno subsídio, um almoço especial, ou cartões de oferta. Ao tomar estas medidas, é possível criar um negócio mais sustentável do qual os empregados se orgulhem de fazer parte.

2. **Apontar pequenas mudanças para crescer em grande**

   É provável que o seu hotel ou grupo hoteleiro já tenha programas amigos do ambiente, mas há quase sempre espaço para melhorias. Algumas ideias a considerar: Alvo pequeno e depois ir grande. Adicione uma estação de enchimento de garrafas de água na entrada. Instale toalheiros adicionais nas casas de banho para facilitar aos hóspedes a reutilização das toalhas. mostrando o número de garrafas guardadas por dia, semana, ou mês.

   Isto dará aos seus convidados uma noção de como as suas acções individuais estão a fazer a diferença. Coloque recipientes de reciclagem em toda a propriedade e certifique-se de que estão bem rotulados. considere a utilização de lâmpadas de baixo consumo e chuveiros que poupam energia. Pode também colocar sinais nos quartos dos hóspedes lembrando-os de reutilizar toalhas e apagar as luzes quando saem do quarto. Estas são apenas algumas ideias para começar - em última análise, o céu é o limite quando se trata de tornar o seu hotel mais amigo do ambiente!

3. **Adoptar e adaptar-se à contratação verde**

   A adopção e adaptação de um processo de contratação "verde" tornou-se uma forma importante de ajudar a proteger o ambiente. O Skype e o Facetime substituíram a necessidade de longas e demoradas entrevistas presenciais, ao mesmo tempo que ainda fornecem uma ligação humana que é tão importante no processo de contratação. O correio electrónico também reduziu a dependência da documentação em papel e proporciona aos novos empregados um acesso fácil à informação de que necessitam sem terem de perder tempo e recursos a imprimi-la. Muitas empresas estão agora a utilizar assinaturas electrónicas para reduzir ainda mais o seu impacto ambiental, e há uma variedade de opções disponíveis para atender a diferentes necessidades. Ao fazer mudanças simples na forma como contratamos, podemos fazer uma grande diferença na luta contra as alterações climáticas.

Adoptar e adaptar-se à contratação verde significa encaminhar novos candidatos para portais de emprego em linha, em vez de solicitar currículos em papel. É importante dar prioridade aos esforços de sustentabilidade nas contratações porque dá o tom à cultura da empresa e demonstra a importância destas iniciativas para novas adições ao seu pessoal.

A sustentabilidade deve ser uma prioridade nas operações diárias e as novas contratações precisam de compreender isto desde o início. Ao destacar os esforços de sustentabilidade do seu hotel na contratação de materiais, pode assegurar que todos os novos empregados estão a bordo com estas prioridades. Isto ajudará a criar uma base forte para operações sustentáveis no seu hotel.

4. Foco na eficiência

Uma cultura empresarial verde pode assumir muitas formas, mas um tema comum é um foco na eficiência. Isto pode manifestar-se de várias formas, desde a redução do uso de papel até à minimização do excesso de pessoal. Por exemplo, muitas empresas estão agora a implementar procedimentos remotos de check-in e check-out.

Isto elimina a necessidade de cartões-chave em papel, que podem rapidamente perder-se ou ser mal colocados. Além disso, sistemas de entrada sem chave ajudam a reduzir o tempo gasto na procura de chaves.

E finalmente, ao gerir cuidadosamente os níveis de pessoal, as empresas podem evitar a necessidade de excesso de pessoal - e as emissões de carbono associadas. Ao tomar estas medidas, as empresas podem não só poupar recursos, mas também ajudar a criar um local de trabalho mais sustentável. No final, uma cultura empresarial verde tem tudo a ver com ser inteligente e eficiente - algo de que todos nós podemos beneficiar.

5. **Oferta de Transporte Verde**

   Os hóspedes dos hotéis procuram cada vez mais opções de transporte sustentáveis, e há várias actualizações simples que pode fazer às suas ofertas e serviços de transporte para satisfazer esta procura.

   Em primeiro lugar, considerar adicionar estações de carregamento de veículos eléctricos para hóspedes com carros eléctricos ou híbridos. Em segundo lugar, as opções de aluguer de eBike e eScooter são uma óptima forma de promover o transporte sustentável. Não se esqueça de fornecer capacetes para os hóspedes. E, finalmente, fornecer vaivéns de grupo (utilizando veículos híbridos ou eléctricos) aos centros de transporte público para reduzir o número de viagens de carro de baixa ocupação de e para o seu hotel. Estes passos simples irão contribuir em muito para promover a sustentabilidade no seu hotel.

   Os hotéis são lugares onde pessoas de todo o mundo vêm para ficar e relaxar. Para que os hotéis permaneçam sustentáveis e, portanto, atraentes para os clientes, precisam de considerar o impacto ambiental das suas práticas. Algo tão simples como adicionar estações de carregamento de veículos eléctricos pode fazer uma grande diferença.

   Para os hóspedes do hotel que têm um carro eléctrico ou híbrido, poder carregar o seu veículo durante a sua estadia é extremamente importante. Além disso, ao proporcionar alugueres de eBike e Scooter, os hotéis promovem opções de transporte sustentáveis para os hóspedes. Isto não só reduz a poluição, como também reduz o congestionamento do tráfego em redor do hotel. E finalmente, ao oferecer vaivéns de grupo aos centros de transportes públicos, os hotéis podem reduzir o número de viagens de carro de baixa ocupação.

Ao fazer este tipo de actualizações, os hotéis podem mostrar o seu compromisso com a sustentabilidade e a responsabilidade.

6. **Tornar os quartos de hóspedes mais verdes com conservação verde**

Os esforços de sustentabilidade nos quartos dos hóspedes evoluíram para além dos cartões lembrando os hóspedes para reutilizar toalhas, desligar o ar condicionado, ou carregar no interruptor da luz à saída. Hoje em dia, muitos hotéis estão a tirar as conjecturas com a tecnologia: Os sensores dos quartos detectam automaticamente os níveis de luz, aumentando e reduzindo os chuveiros inteligentes limitam a duração dos chuveiros a um tempo pré-estabelecido, alertando os utilizadores quando o seu tempo está quase a terminar. Estes pequenos passos podem fazer uma grande diferença na poupança de água e energia - dois componentes chave de qualquer plano de sustentabilidade bem sucedido. E, ao tornar mais fácil para os hóspedes serem verdes, os hotéis estão a encorajar hábitos sustentáveis que podem durar muito tempo após a saída da caixa.

Os esforços de sustentabilidade nos quartos dos hóspedes evoluíram para além dos cartões lembrando os hóspedes para reutilizar toalhas, desligar o ar condicionado, ou carregar no interruptor da luz à saída. Hoje em dia, muitos hotéis estão a tirar as conjecturas com a tecnologia: Os sensores dos quartos detectam automaticamente os níveis de luz, aumentando e reduzindo os chuveiros tSmart limitam a duração dos chuveiros a um tempo pré-estabelecido, alertando os utilizadores quando o seu tempo está quase a terminar. Embora alguns possam ver isto como intrusivo, os hotéis estão a fazer um esforço para serem mais sustentáveis e pouparem recursos. E, em muitos casos, está a funcionar: Um estudo da Universidade de Cornell descobriu que os hóspedes de hotéis que utilizaram este tipo de esforços de conservação verde pouparam uma média de 21 galões de água por dia.

É uma quantidade significativa de água poupada todos os dias, que se soma ao longo do tempo. E não é só a água que está a ser conservada; estes mesmos esforços podem também levar a uma redução do consumo de energia e a emissões mais baixas de carbono. Portanto, da próxima vez que estiver hospedado num hotel, não se surpreenda se o seu chuveiro se desligar sozinho - pode apenas fazer parte dos esforços de sustentabilidade do hotel.

Numa era de custos energéticos sempre crescentes, os hotéis estão sempre à procura de formas de reduzir as suas despesas. Uma forma de o fazer é através da instalação de termóstatos com sensores de ocupação. Estes dispositivos ajustam automaticamente a temperatura quando um quarto está desocupado, o que pode ajudar a poupar nos custos de aquecimento e arrefecimento.

No entanto, estes mesmos termóstatos também podem ser ligados a aplicações que permitem aos hóspedes controlar a temperatura remotamente. Esta pode ser uma característica útil para hóspedes que prefiram uma determinada temperatura ou que tenham alergias que os obriguem a manter uma temperatura específica. Além disso, pode também ajudar a poupar energia, permitindo aos hóspedes desligar o aquecimento ou o ar condicionado quando não se encontram no seu quarto. À medida que os hoteleiros se esforçam por encontrar novas formas de reduzir os custos, é provável que o uso de sensores de ocupação e da tecnologia IoT se torne cada vez mais comum.

7. **Usar Mobiliário Verde**

Mobilar um quarto de hóspedes pode ser uma tarefa difícil. Quer ter a certeza de que tudo é perfeito para os seus hóspedes, mas também não quer gastar uma fortuna. Uma forma de alcançar estes dois objectivos é mobilar o quarto com artigos sustentáveis. As folhas de fibra natural e o mobiliário feito de materiais sustentáveis não só têm estilo, como também ajudam a proteger o ambiente. Além disso, estocar a sala com canecas e copos de café reutilizáveis em vez de artigos de plástico, papel, ou isopor pode ajudar a reduzir o desperdício. Finalmente, fornecer sabonetes e champôs naturais e orgânicos de fabricantes verdes certificados em embalagens biodegradáveis é uma óptima forma de mostrar aos seus hóspedes que se preocupam com o seu conforto e com o planeta.

A escolha de materiais sustentáveis para mobiliário e decoração de quartos de hóspedes não só é inteligente do ponto de vista ecológico, como também envia uma forte mensagem aos visitantes de que o seu hotel está empenhado em operar de uma forma social e ambientalmente responsável. As fibras naturais como o algodão e o linho são mais duráveis do que os sintéticos, e podem ser obtidas em quintas orgânicas certificadas que aderem a normas rigorosas para a saúde do solo, utilização da água, e direitos dos trabalhadores agrícolas.

O mobiliário feito de madeira extraída de forma sustentável é outra excelente escolha, pois apoia os esforços de conservação e ajuda a sequestrar o carbono. Na casa de banho, fornecer aos hóspedes sabonetes e champôs naturais e orgânicos de comércio livre em embalagens biodegradáveis. Estes pequenos passos irão criar um ambiente mais saudável e mais sustentável para os hóspedes, ao mesmo tempo que reduzem o impacto ambiental global do seu hotel.

8. **Reduzir o desperdício durante os eventos**

Uma forma de reduzir o desperdício durante os eventos é reduzir o número de recipientes de lixo e aumentar a quantidade de opções de reciclagem. Isto obrigará os participantes a eliminar os seus resíduos de forma ponderada. Facilitar aos convidados a reciclagem, marcando e posicionando claramente os recipientes recicláveis para papel, latas de alumínio, e garrafas de plástico.

Ao tomar estas medidas, pode reduzir a quantidade de resíduos produzidos no seu evento e ajudar a proteger o ambiente.

Como organizadores de eventos, têm a responsabilidade de reduzir a quantidade de resíduos produzidos durante os nossos eventos. Uma forma de o fazer é reduzir o número de recipientes de lixo, aumentando ao mesmo tempo a quantidade de opções de reciclagem. Isto obrigará os participantes a eliminar os seus resíduos de forma ponderada.

Outra forma de reduzir os resíduos é facilitar aos hóspedes a reciclagem, marcando e posicionando claramente recipientes recicláveis para papel, latas de alumínio, e garrafas de plástico. Também podemos fornecer aos hóspedes garrafas de água reutilizáveis e encorajá-los a utilizar transportes públicos ou carpools para reduzir a poluição causada por viagens relacionadas com eventos. Ao tomar estas medidas, podemos Reduzir a quantidade de resíduos produzidos durante os nossos eventos e ajudar a proteger o nosso ambiente.

9. **Incorporar pratos reutilizáveis, prataria, copos e canecas**

    A incorporação de pratos reutilizáveis, prataria, copos e canecas no seu hotel pode ajudar a reduzir significativamente o desperdício. Itens de uso único como palhinhas, artigos de plástico para servir e pratos de papel não só são maus para o ambiente como também podem ser dispendiosos. A substituição destes artigos por opções reutilizáveis pode poupar o dinheiro do seu hotel a longo prazo. Não só poupará nos custos de fornecimento, como também reduzirá a quantidade de resíduos que o seu hotel produz. Isto pode levar a menores custos de transporte de lixo e a uma menor pegada ecológica. Fazer a mudança para pratos reutilizáveis e prataria é uma forma simples de reduzir o desperdício e ajudar a fazer a diferença.

10. **Loja local**

    É uma óptima forma de apoiar os agricultores da área, ao mesmo tempo que reduz as emissões de carbono causadas quando se caminha com alimentos à distância. As selecções do menu devem incorporar ofertas sustentáveis, incluindo artigos vegetarianos e veganos que levam menos recursos a produzir do que a carne. Considere, por exemplo, a água necessária para irrigar culturas e a quantidade de alimentos necessários para a criação de gado. Para não mencionar, a energia gasta durante o transporte. Comprar a agricultores e fornecedores de alimentos próximos é uma utilização mais eficiente dos recursos e resulta em menos poluição. É um ganho para todos os envolvidos. Portanto, da próxima vez que planear uma refeição, pense de onde vem a sua comida e tente obter o máximo possível dos produtores e fornecedores de alimentos locais.

11. **Compostagem e Doação**

    Muitas pessoas podem não saber isto, mas a família americana média deita fora cerca de 25% dos alimentos e bebidas que compra todos os anos. É verdade, um em cada quatro artigos no seu carrinho de compras acaba no caixote do lixo, e isso não inclui os materiais de embalagem. Há uma série de razões pelas quais isto acontece, tais como datas de validade confusas, planeamento deficiente, e compras a granel.

Mas seja qual for a razão, o facto é que este alimento desperdiçado acaba por ocupar espaço em aterros, onde emite gás metano - um gás com efeito de estufa que é significativamente mais nocivo do que o dióxido de carbono.

Então, o que pode ser feito para reduzir o desperdício alimentar? Uma solução é começar a compostagem. A compostagem é um processo de decomposição de matéria orgânica, tal como restos de frutas e vegetais, cascas de ovos, borras de café, e muito mais. Esta matéria em decomposição pode então ser utilizada como fertilizante natural para o seu jardim. Isto não só reduz a quantidade de resíduos enviados para aterros, como também ajuda a melhorar a qualidade do solo e fornece às plantas nutrientes importantes.

Outra solução é doar alimentos não utilizados ou sobra aos bancos alimentares locais e a programas como a Segunda Colheita Americana. Estas organizações trabalham para fornecer refeições a pessoas que lutam contra a fome. Ao doar os seus alimentos, pode ajudar a fazer a diferença na sua comunidade. Em última análise, a redução do desperdício alimentar é importante, tanto por razões ambientais como sociais. Compostagem e doação de alimentos não utilizados, todos nós podemos fazer a nossa parte para fazer a diferença.

12. Artigo sustentável como parte do stock

Ao expor vestuário e artigos de oferta numa loja, é importante assegurar que os produtos foram obtidos de empresas sustentáveis e certificadas ecológicas. Existem actualmente muitas empresas de vestuário ético que utilizam métodos sustentáveis para produzir o seu vestuário, bem como acessórios de comércio justo e material de viagem ético. A aquisição de produtos a estas empresas não só ajuda a apoiar práticas sustentáveis, mas também oferece aos clientes a garantia de que estão a adquirir produtos que foram produzidos eticamente. Num mundo em que a indústria da moda é frequentemente criticada pela sua falta de sustentabilidade, optar por armazenar artigos de empresas sustentáveis é uma forma de mostrar que a sua empresa está empenhada em práticas de sourcing responsável.

Artigos sustentáveis não só são bons para o ambiente, como também podem ser uma fonte de orgulho para os clientes que procuram comprar produtos que se alinhem com os seus próprios valores.

13. **Adaptar a eficiência operacional**

Uma loja de presentes de hotel pode ser uma grande amenidade para os hóspedes, proporcionando um local conveniente para ir buscar artigos de última hora ou lembranças. Mas operar uma loja de lembranças também pode ser uma fonte significativa de emissões, devido à necessidade de transportar o pessoal de e para a loja e à utilização de iluminação e ar condicionado.

Ao monitorizar os níveis de ocupação, os gestores hoteleiros podem assegurar que a loja de lembranças só tem pessoal quando é provável que esteja ocupada, reduzindo as viagens desnecessárias. As luzes dos sensores e termóstatos também podem ser utilizadas para reduzir automaticamente o consumo de energia quando a loja está vazia. Ao tomar estas simples medidas, os hotéis podem reduzir significativamente o seu impacto ambiental sem comprometer o serviço aos hóspedes.

Os operadores de vitrinas estão sempre à procura de formas de tornar o seu produto mais apresentável para os consumidores. Uma forma de o fazer é instalando sensores nas portas que iluminam o interior da loja quando abertas. Isto garante que os potenciais clientes verão um produto bem iluminado que não corre o risco de ser estragado. Além disso, muitas lojas estão agora a utilizar sistemas de pontos de venda amigos do ambiente que ajudam a reduzir a utilização de electricidade e papel. Estes sistemas ajudam a criar um modelo de negócio mais sustentável, o que é bom tanto para o ambiente como para o resultado final. À medida que os consumidores se tornam mais conscientes da necessidade de proteger o ambiente, as empresas que operam com eficiência estarão bem posicionadas para serem bem sucedidas.

Os operadores devem encorajar os seus clientes a utilizar sacos reutilizáveis ou sacos de papel compostável. Um número crescente de governos locais proibiu o uso de sacos de plástico, e outros estão a considerar medidas semelhantes. Os operadores podem ajudar a reduzir o desperdício e aumentar a eficiência, encorajando os clientes a utilizarem sacos reutilizáveis ou sacos de papel compostável. Os sacos reutilizáveis podem ser devolvidos à secretária ou colocados em caixas de recolha, e os sacos de papel compostável podem ser colocados em contentores de compostagem. Os operadores podem também oferecer aos clientes descontos pela utilização de sacos reutilizáveis. Ao trabalhar em conjunto, os operadores e clientes podem ajudar a reduzir o desperdício e a aumentar a eficiência.

14. **Gestão de problemas de chuva / neve / água**

As fortes chuvas podem causar sérios problemas para os donos de terrenos de hotéis. O excesso de água proveniente de tempestades, irrigação e neve pode levar à erosão do solo, danos nas plantas e na relva, e água da piscina que cria condições inseguras para os hóspedes. Uma forma de combater isto é plantar um jardim pluvial. Os jardins pluviais são concebidos para recolher o escorrimento e evitar que este provoque danos. Podem ser plantados com plantas nativas resistentes à erosão e capazes de lidar com a flutuação dos níveis de água. Além disso, os jardins pluviais podem ajudar a embelezar a propriedade e fornecer um habitat para a vida selvagem. Outra opção para combater o escoamento da água é a instalação de tanques de retenção de água. Estas lagoas são concebidas para armazenar temporariamente água até esta poder ser libertada lentamente para o ambiente.

Os tanques de retenção podem ajudar a reduzir a quantidade de escoamento, prevenir inundações, e proteger contra a erosão do solo. O pavimento anterior é outra ferramenta que os jardineiros dos hotéis podem utilizar para reduzir o escoamento. O pavimento anterior é feito com materiais que permitem a passagem de água, reduzindo a quantidade de escorrimento e ajudando a recarregar o abastecimento de águas subterrâneas. Ao utilizar pavimento permeável, os jardineiros dos hotéis podem ajudar a manter a sua propriedade segura e sustentável.

15. A água é preciosa

A água é um recurso natural precioso, e está a tornar-se cada vez mais importante encontrar formas de a utilizar de forma mais eficiente. Uma maneira de o fazer é instalar um sistema de irrigação inteligente. Estes sistemas são concebidos para regar as suas plantas apenas quando estas necessitam, e podem muitas vezes ser programados para considerar as condições climáticas locais. Isto pode ajudar a reduzir a quantidade de água que é desperdiçada através da evaporação ou escoamento. Outra forma de reduzir as suas necessidades de água é escolher plantas nativas resistentes à seca. Estas plantas estão melhor adaptadas às condições locais e necessitam de menos água para prosperar. Além disso, a utilização de cobertura do solo em vez de relva também pode ajudar a reduzir o consumo de água. Isto não só requer menos água, como também reduz a necessidade de pesticidas e fertilizantes. À medida que aprendemos mais sobre a importância da conservação da água, torna-se claro que fazer pequenas mudanças no nosso paisagismo pode ter um grande impacto na nossa utilização da água.

Capítulo 7 : É um viajante verde? Verifique estas necessidades para ser um

Estes são poucos indícios eminentes que deve ter verificado para poder ser chamado de viajante verde.

#Utilizar o transporte público

Sempre que possível, optar pelo transporte público em vez de chamar um táxi ou alugar um carro. Os transportes públicos são sempre mais amigos do ambiente do que a utilização de um veículo privado. Por exemplo, os autocarros e comboios emitem muito menos poluição por quilómetro de passageiros do que os carros e camiões. Além disso, os transportes públicos podem frequentemente ser mais acessíveis do que alugar um carro ou apanhar um táxi.

E finalmente, os transportes públicos podem ser uma forma maravilhosa de conhecer novas pessoas e ver novos pontos de vista. Apanhar o autocarro ou o comboio em vez de conduzir pode ajudar a reduzir o congestionamento do tráfego e facilitar o acesso de todos aonde vão.

De acordo com a Administração Federal de Trânsito, tomar transportes públicos em vez de conduzir pode poupar em média mais de 10.000 dólares anuais ao americano. É uma quantidade significativa de dinheiro que pode ser aplicada para outros objectivos financeiros como a poupança para a reforma ou um adiantamento sobre uma casa. Além de ser mais acessível, o transporte público é também melhor para o ambiente. do que os veículos privados. O transporte público também tem o potencial de reduzir o congestionamento do tráfego e o número de acidentes na estrada.

Quando as pessoas têm a opção de utilizar o transporte público, este retira os carros da estrada, o que pode ajudar a melhorar o fluxo de tráfego e a tornar as estradas mais seguras para todos. Além disso, o transporte público pode ser uma forma maravilhosa de conhecer novas pessoas e ver novos pontos de vista. Especialmente nas grandes cidades, o transporte público proporciona uma oportunidade de interagir com pessoas de todas as profissões. Para os introvertidos ou tímidos, o transporte público pode ser uma forma menos intimidante de socializar do que ir a bares ou clubes. Pode também ser uma forma maravilhosa de visitar uma nova cidade sem ter de se preocupar em encontrar estacionamento ou em se perder. Quer se pretenda poupar dinheiro, reduzir a sua pegada de carbono, ou conhecer novas pessoas, o transporte público é sempre uma óptima opção.

Pack Light

Bagagem mais leve significa que o seu modo de transporte irá consumir menos combustível. A embalagem apenas do essencial evita também as taxas de bagagem incómodas. Então, como pode ter a certeza de que está a embalar apenas o que precisa? Primeiro, crie uma lista de embalagem de tudo o que pensa que vai precisar para a sua viagem. Em seguida, examine cada item da lista e faça a si mesmo uma série de perguntas: preciso disto? Existe uma alternativa mais leve/pequena? Posso comprar isto quando lá chegar? Responder a estas perguntas com sinceridade ajudá-lo-á a restringir a sua lista apenas ao essencial. E não se esqueça, pode sempre lavar a sua roupa durante a sua viagem! Portanto, não há necessidade de embalar mais do que uma semana de roupa. Seguindo estas dicas, pode ter a certeza de que está a fazer as malas leves e inteligentes - tornando a sua viagem mais eficiente e agradável.

Nada é pior do que ser cobrada uma taxa de bagagem - especialmente quando se poderia tê-la evitado por completo, embalando um isqueiro! Não só embalar menos itens poupará dinheiro, como também ajudará a reduzir o consumo de combustível.

Quanto mais pesada for a sua bagagem, mais combustível o seu modo de transporte terá de usar para o levar ao seu destino. Assim, da próxima vez que se preparar para uma viagem, tome um momento para considerar o que pode deixar em casa. Precisa realmente desse par de sapatos extra? Que tal aquele casaco pesado de Inverno? Ao embalar apenas o essencial, poderá reduzir a sua pegada de carbono e poupar algum dinheiro no processo.

Ficar em Hotéis / Alojamentos amigos do ambiente

Ao fazer planos de viagem, muitas pessoas concentram-se unicamente em encontrar as acomodações mais acessíveis. Contudo, é também importante considerar o impacto ambiental das suas escolhas de alojamento. Uma forma de o fazer é procurar hotéis ou resorts que sejam certificados por uma organização como o Green Globe ou o LEED. Estes alojamentos comprometeram-se com práticas sustentáveis como a eficiência energética, a conservação de água e a redução de resíduos. Como resultado, a estadia num hotel ou estância certificada Green Globe pode ajudá-lo a minimizar o seu impacto no ambiente. Além disso, muitos destes alojamentos oferecem comodidades e actividades especiais que lhe permitem desfrutar e apreciar ainda mais o seu ambiente natural. Assim, da próxima vez que reservar um lugar para ficar, não deixe de procurar opções de alojamento que tenham sido certificadas por uma organização verde.

Coma Local

Ao planear as suas próximas férias, considere o impacto ambiental das suas escolhas de viagem. Uma das melhores formas de reduzir a sua pegada de carbono enquanto viaja é comer alimentos locais que não tenham sido enviados de outras partes do mundo. Não só estará a apoiar a economia local, como também poderá provar alguns pratos novos deliciosos! Esta é uma situação vantajosa para todos - ao comer localmente, pode ajudar a reduzir as suas emissões de carbono e ao mesmo tempo experimentar o melhor que cada destino tem para oferecer.

Portanto, antes de reservar o seu próximo voo, investigue a cozinha local e planeie desfrutar de algumas refeições que sejam verdadeiramente memoráveis - e boas para o planeta! A refeição média nos Estados Unidos viaja 1.500 milhas para chegar ao seu prato. São muitas emissões de carbono de camiões, aviões e comboios que transportam alimentos por todo o país (e por vezes pelo mundo). Mas há uma maneira fácil de reduzir a sua pegada de carbono enquanto viaja: coma alimentos locais! Quando compra alimentos locais que não foram enviados de outras partes do país (ou do mundo), está a apoiar a economia local e a reduzir a sua pegada de carbono.

Além disso, poderá provar alguns pratos novos deliciosos! Por isso, da próxima vez que estiver a planear uma viagem, não deixe de pesquisar a cozinha local e encontrar alguns óptimos locais para comer. O seu paladar (e o planeta) irá agradecer-lhe.

Loja Local

Quando viaja, uma das melhores formas de reduzir a sua pegada de carbono é através das compras nas lojas e mercados locais. Ao fazer isto, está a apoiar empresas e agricultores locais, o que por sua vez reduz a quantidade de energia necessária para transportar mercadorias. Além disso, encontrará frequentemente lembranças únicas que não conseguirá encontrar nas grandes cadeias de lojas no seu país. Para não mencionar, muitas lojas e mercados locais oferecem produtos que são amigos do ambiente e sustentáveis. Portanto, não só está a reduzir a sua pegada de carbono, mas também a apoiar empresas que têm os mesmos valores que você. Da próxima vez que estiver a planear uma viagem, não deixe de ter isto em mente!

Comprar produtos locais não só é uma óptima forma de reduzir a sua pegada de carbono enquanto viaja, como também é mais provável que encontre artigos mais saudáveis e únicos. As pequenas empresas são a espinha dorsal da maioria das comunidades e, ao apoiá-las, ajudam a manter o dinheiro dentro da economia local. Os mercados locais são um óptimo local para encontrar lembranças únicas que o recordarão da sua viagem muito depois de ter regressado a casa. Pode também estar certo de que a sua compra apoia as pessoas e artesãos que a criaram. Fazer compras em cadeias de lojas pode ser conveniente, mas muitas vezes é à custa da economia local e pode resultar em produtos que são produzidos em massa e carecem de carácter. Da próxima vez que estiver a planear uma viagem, lembre-se de procurar os encantos únicos das empresas locais.

#**Plásticos de utilização únicavoid**

Não é segredo que a poluição de plástico é um dos maiores problemas ambientais que o nosso planeta enfrenta actualmente. Todos os anos, milhões de toneladas de resíduos plásticos acabam nos nossos oceanos, onde prejudicam a vida marinha e poluem a água.

E embora não haja uma solução fácil para este problema global, todos nós podemos fazer a nossa parte para reduzir o nosso impacto. Uma das formas mais simples de o fazer é evitar a utilização de plásticos de utilização única durante as viagens. Traga uma garrafa de água reutilizável e sacos de compras reutilizáveis para que possa dizer não a palhinhas de plástico, copos de café, e sacos de mercearia.

Ao dar este pequeno passo, irá ajudar a reduzir a quantidade de resíduos plásticos que acabam em aterro todos os anos. E quem sabe - poderá até inspirar outros a fazer o mesmo.

Um dos problemas ambientais mais generalizados do nosso tempo, a poluição plástica é uma questão que nos afecta a todos. O plástico é durável e versátil, qualidades que o tornaram um dos materiais mais populares do mundo. No entanto, esta mesma durabilidade significa que uma vez que o plástico entra no ambiente, pode levar séculos a decompor-se. Como resultado, os nossos oceanos estão agora cheios de milhões de toneladas de resíduos de plástico, o que representa uma séria ameaça à vida marinha.

Todos nós podemos ajudar a reduzir o problema da poluição plástica, evitando o plástico de utilização única durante as viagens. Garrafas de água reutilizáveis, copos de café e sacos de compras estão amplamente disponíveis e são fáceis de utilizar. Ao trazer connosco os nossos próprios materiais reutilizáveis quando viajamos, podemos dizer não a palhinhas, sacos de plástico e outros artigos descartáveis que acabam por poluir o nosso planeta. Quando fazemos pequenas mudanças como esta na nossa vida quotidiana, podemos fazer uma grande diferença na luta contra a poluição plástica.

Compensar as suas emissões de carbono

Se estiver a fazer um voo, pode ajudar a compensar o impacto ambiental da sua viagem plantando árvores ou investindo em projectos de energias renováveis através de organizações como Carbonfund.org ou TerraPass.com. Estas organizações permitem-lhe calcular as emissões de carbono do seu voo e depois investir em projectos que compensem essas emissões, tais como a plantação de árvores ou a energia renovável.

Desta forma, pode ajudar a reduzir o impacto ambiental da sua viagem sem ter de alterar os seus planos. Além disso, ao compensar as suas emissões de carbono, estará a desempenhar um papel pequeno mas importante no combate às alterações climáticas. Assim, da próxima vez que reservar um voo, lembre-se que pode compensar as suas emissões de carbono e ajudar a fazer a diferença.

De acordo com o IPCC, a aviação é responsável por cerca de 2% das emissões globais antropogénicas de CO_2. Isto pode não parecer muito, mas com o número de pessoas a viajar de avião a aumentar todos os anos, a contribuição da indústria da aviação para as alterações climáticas é significativa e está a crescer.

Há várias formas de compensar as suas emissões de carbono provenientes do voo, tais como plantar árvores ou investir em projectos de energias renováveis. Organizações como Carbonfund.org e Terra Pass oferecem serviços de compensação que facilitam o investimento em projectos de compensação que se adaptam às suas necessidades e valores.

Quer esteja a reservar um voo para negócios ou lazer, a compensação das suas emissões é uma forma simples de reduzir o seu impacto ambiental sem ter de alterar os seus planos. Portanto, da próxima vez que reservar um voo, lembre-se de compensar as suas emissões e de ajudar a fazer a diferença.

Capítulo 8 : Turismo ecológico na Índia

A vida sustentável tornou-se a necessidade do momento, pois estamos a assistir a níveis sem precedentes de alterações climáticas e desequilíbrios ecológicos. O termo "ecoturismo", portanto, está a ser cada vez mais utilizado para descrever uma nova forma de turismo que se baseia nos princípios do desenvolvimento sustentável. O ecoturismo tem tudo a ver com devolver à natureza e promover o conceito de vida sustentável entre os habitantes locais. Trata-se de desenvolver uma amizade com a natureza e familiarizar-se com o conceito de viagem responsável.

Há muitos destinos ecológicos na Índia que são perfeitos para aqueles que procuram fugir da azáfama da vida da cidade e ligar-se à natureza. Desde as montanhas cobertas de neve de Leh até aos serenos remansos de Kerala, a Índia é o lar de algumas das mais belas maravilhas naturais do mundo. E com um número crescente de iniciativas de turismo sustentável a ser lançado em todo o país, nunca foi tão fácil desfrutar destas maravilhas de uma forma responsável.

Portanto, se procura um destino de férias amigo do ambiente, não procure mais longe do que a Índia. Com a sua vasta gama de beleza natural e rico património cultural, a Índia tem algo a oferecer a todos. E ao optar por viajar de forma responsável, pode ajudar a garantir que estes tesouros estarão por perto para as gerações futuras desfrutarem.

A natureza tem sido sempre uma fonte de inspiração para os seres humanos. Desde a primeira vez que aprendemos a comunicar, temos tentado encontrar formas de expressar os nossos sentimentos sobre o mundo natural que nos rodeia. Ao longo dos séculos, a nossa relação com a natureza mudou drasticamente. À medida que as nossas sociedades se tornaram cada vez mais industrializadas, temos vindo a virar cada vez mais as costas à natureza, vendo-a como um obstáculo ao progresso e não como um recurso valioso. Nos últimos anos, contudo, tem havido um reconhecimento crescente da importância de conservar a natureza e preservar a biodiversidade. Isto levou ao desenvolvimento do ecoturismo, que é agora um dos sectores de turismo de mais rápido crescimento no mundo.

O ecoturismo baseia-se no princípio do desenvolvimento sustentável, que procura satisfazer as necessidades das gerações presentes sem comprometer a capacidade das gerações futuras de satisfazerem as suas próprias necessidades. Portanto, não se trata apenas de desfrutar da natureza; trata-se também de assegurar a sua participação na mesma, juntamente com aqueles que dela dependem. O ecoturismo é um instrumento importante na luta contra as alterações climáticas e a perda da biodiversidade. Ajuda a aumentar a consciência sobre estas questões e incentiva as pessoas a tomar medidas para proteger o nosso planeta. Além disso, o ecoturismo gera receitas que podem ser utilizadas para financiar projectos de conservação. Assim, se procura umas férias que serão boas tanto para si como para o planeta, o ecoturismo é uma óptima opção.

A Índia, abençoada com uma biodiversidade natural, constitui um grande destino amigo do ambiente. A diversidade da sua paisagem natural torna-a um destino turístico ecológico imensamente amigo do ambiente. Quer sejam os remansos de Kerala, uma aldeia pitoresca em Uttarakhand ou um Parque Nacional em Madhya Pradesh, cada destino proporciona uma experiência maravilhosa ao mesmo tempo que o deixa com uma profunda apreciação da natureza. A Índia é o lar de alguns dos mais singulares e belos ecossistemas do mundo, e o seu compromisso com a conservação faz dela um lugar ideal para visitar para aqueles que procuram explorar e aprender sobre o mundo natural. Uma visita à Índia deixá-lo-á não só com memórias de paisagens deslumbrantes e vida selvagem incrível, mas também com uma nova apreciação da importância de proteger o nosso planeta.

#Porquê Turismo Ecológico na Índia?

A Índia é uma nação em rápido desenvolvimento e, como tal, existe muita diversidade e disparidade nos níveis de desenvolvimento em todo o país. O turismo é uma indústria significativa na Índia, e traz impactos tanto positivos como negativos na economia, cultura e ambiente locais. Embora o turismo possa impulsionar a economia através da despesa em moeda estrangeira e da criação de emprego, também pode aumentar a pressão sobre as infra-estruturas e recursos locais. Além disso, muitos lugares fora dos circuitos turísticos, que eram relativamente desconhecidos há 10-15 anos atrás, tornaram-se agora destinos turísticos populares graças aos bloggers de viagens e aos meios de comunicação social. Embora esta maior exposição possa ser benéfica para a economia local, também pode levar a impactos negativos como a mercantilização cultural e a degradação ambiental. Por conseguinte, é importante considerar tanto os aspectos positivos como negativos do turismo antes de o promover como uma solução para o desenvolvimento económico.

A Índia, abençoada com uma biodiversidade natural, constitui um grande destino amigo do ambiente. A diversidade da sua paisagem natural torna-a um destino turístico ecológico imensamente amigo do ambiente.

Quer sejam os remansos de Kerala, uma aldeia pitoresca em Uttarakhand ou um Parque Nacional em Madhya Pradesh, cada destino proporciona uma experiência maravilhosa ao mesmo tempo que o deixa com uma profunda apreciação da natureza.

A Índia é um dos 12 principais países mega-diversos do mundo e tem mais de 4.000 espécies de mamíferos (11% do total mundial), 1.200 espécies de aves (12% do total mundial), 500 espécies de répteis (16% do total mundial) e 30.000 espécies de plantas superiores (6% do total mundial). Há várias razões pelas quais a Índia é um lugar ideal para o ecoturismo.

Em primeiro lugar, muitos tipos diferentes de paisagens podem ser encontrados na Índia, o que proporciona oportunidades de ver muitos tipos diferentes de animais e plantas no seu habitat natural. Em segundo lugar, existem muitos parques e reservas nacionais que foram criados especificamente para proteger espécies ameaçadas e o seu habitat.

Finalmente, o governo indiano está empenhado no desenvolvimento sustentável e tomou medidas para promover o ecoturismo no país. Como resultado, existem muitos hotéis e resorts ecológicos que têm sido desenvolvidos nos últimos anos. Se procura um destino de férias amigo do ambiente, então a Índia deve estar no topo da sua lista!

O turismo é uma das indústrias de crescimento mais rápido do mundo e tornou-se uma fonte significativa de rendimento para muitos países.

No entanto, esta popularidade está também a provocar muitos impactos adversos quando se trata de sustentar o ambiente local, bem como a cultura e a economia. Ver os lados do país repletos de resíduos plásticos, as trilhas de montanha a tornarem-se ruidosas, os alojamentos a ficarem mais caros e os habitantes locais a tornarem-se mais comerciais do que amigáveis, é a ruína do turismo desenfreado a que muitos de nós estamos agora a habituar-nos. Todos estes problemas atribuídos ao turismo podem ser resolvidos através de um planeamento e gestão eficazes, assegurando que os benefícios do turismo são maximizados enquanto os seus impactos negativos são minimizados. Com o turismo responsável, podemos ter o nosso bolo e comê-lo também. Vamos desfrutar de viajar, sem esquecer de cuidar dos locais que visitamos.

Capítulo 9 : O Turismo Ecológico Ajuda e Como

O turismo sustentável tornou-se uma indústria importante nos últimos anos, à medida que cada vez mais viajantes procuram formas de reduzir o seu impacto sobre o ambiente. o turismo sustentável é mais do que apenas a protecção ambiental; inclui também aspectos socioeconómicos como o apoio às empresas locais e a criação de empregos. Uma forma de promover o turismo sustentável é criando experiências únicas que não podem ser encontradas noutros locais. Isto pode incluir alojamentos ecológicos, visitas a sítios naturais, ou experiências culturais que ensinem aos visitantes sobre a comunidade local. Outra forma de promover o turismo sustentável é trabalhar com a comunidade local para criar infra-estruturas que sejam sensíveis aos seus valores e crenças. Isto pode incluir a utilização de materiais locais na construção ou a formação de guias locais para liderar visitas guiadas. Ao promover o turismo sustentável, podemos gerar benefícios financeiros tanto para a população local como para a indústria.

O ecoturismo tornou-se um dos mais poderosos instrumentos disponíveis para ajudar a preservar áreas e culturas naturais em todo o mundo. Ecoturismo é o turismo que tem um baixo impacto no meio ambiente e que salva as práticas culturais tradicionais. Esforça-se por minimizar os impactos físicos, sociais, comportamentais e psicológicos. Este tipo de turismo assume muitas formas diferentes, mas todas partilham características comuns: Todos eles procuram construir uma consciência ambiental e cultural e gerar respeito. Além disso, todos eles proporcionam experiências positivas tanto para os visitantes como para a população local, proporcionando ao mesmo tempo benefícios financeiros directos para a conservação natural e ecológica.

O ecoturismo pode assumir muitas formas diferentes, mas todas partilham características comuns:

-Todos eles procuram construir uma consciência ambiental e cultural e gerar respeito.

-Além disso, todos eles proporcionam experiências positivas tanto para os visitantes como para a população local, proporcionando ao mesmo tempo benefícios financeiros directos para a conservação natural e ecológica.

-Ecoturismo tornou-se uma das mais poderosas ferramentas disponíveis para ajudar a preservar áreas e culturas naturais em todo o mundo.

-Por definição, o ecoturismo é o turismo que tem um baixo impacto no ambiente e que salva as práticas culturais tradicionais.

-Procura minimizar os impactos físicos, sociais, comportamentais e psicológicos.

-Este tipo de turismo assume muitas formas diferentes, mas todas partilham características comuns: Todos eles procuram construir uma consciência ambiental e cultural e gerar respeito.

-Além disso, todos eles proporcionam experiências positivas tanto para os visitantes como para a população local, proporcionando ao mesmo tempo benefícios financeiros directos para a conservação natural e ecológica.

Capítulo 10 : Principais destinos ecologicamente corretos na Índia

A Índia, abençoada com uma abundante diversidade natural, constitui um grande destino eco-turístico no mundo. A diversidade da sua paisagem natural torna-a um destino turístico ecológico imensamente amigável. Quer se trate dos remansos de Kerala, uma pitoresca aldeia em Uttarakhand, dos bosques e colinas virgens do Nordeste, das tribos de Chhattisgarh, ou de um Parque Nacional em Madhya Pradesh, muitos destinos na Índia oferecem uma experiência única aos turistas que não pode ser encontrada em mais nenhum lugar do mundo.

O ecoturismo não consiste apenas em ir de férias a locais exóticos, mas também em contribuir para a conservação da natureza e apoiar as comunidades locais. A Índia com o seu rico património natural proporciona aos visitantes amplas oportunidades de participar em diversas actividades ecológicas, tais como trekking, safaris na selva, observação de aves, rafting no rio e acampamento.

Além disso, ao escolher opções de ecoturismo, os turistas podem também ajudar a criar oportunidades de emprego para a população local, ao mesmo tempo que contribuem para a preservação da sua cultura e tradições. Portanto, venha explorar as diferentes tonalidades da Índia e faça parte do movimento verde!

Se procura um destino ecológico na Índia para onde viajar, então veio ao lugar certo. A Índia é uma terra de diversidade, e isto reflecte-se nas suas muitas culturas e tradições únicas. Desde os Himalaias cobertos de neve até às praias ensolaradas das regiões costeiras, a Índia tem algo para todos. E com tantos destinos ecológicos diferentes à sua escolha, certamente encontrará o perfeito para si.

1. **O Parque Nacional de Khangchendzonga** é vasto e belo, cobrindo quase 30% da área total de terra de Sikkim no nordeste da Índia. O parque recebeu o estatuto de Património Mundial da UNESCO em 2016, devido ao seu significativo valor ecológico e cultural. A sua paisagem é marcada por lagos, glaciares, rios, vales, planícies e grutas, o que o torna um lugar verdadeiramente único. A biodiversidade do parque é também excepcional, com mais de 5.000 espécies de plantas

e animais a serem encontradas dentro dos seus limites. O Parque Nacional de Khangchendzonga é um local importante para a conservação e um local de visita obrigatória para qualquer pessoa interessada no mundo natural.

O parque é o lar de uma variedade de espécies de mamíferos, incluindo leopardo da neve, veado almiscarado, pandas vermelhos, e ovelhas azuis dos Himalaias. Além disso, quase metade das espécies de aves da Índia e um terço das plantas floríferas do país podem ser encontradas dentro do parque. O Monte Khangchendzonga, o pico mais alto do parque, tem também um profundo significado espiritual para os habitantes locais. A área foi declarada parque nacional em 1977, a fim de proteger a sua biodiversidade única. Hoje em dia, continua a ser um local importante tanto para a conservação como para a recreação.

O trekking é a melhor forma de explorar o Parque Nacional de Khangchendzonga por várias razões. Primeiro, o parque é muito grande, e o trekking é a única forma de ver a maior parte dele. Segundo, o trekking permite ver o parque em diferentes alturas do dia e em diferentes condições meteorológicas, o que lhe dá uma melhor compreensão do ecossistema do parque. Finalmente, o trekking dá-lhe a oportunidade de se encontrar e conversar com as pessoas locais que vivem no parque, o que lhe pode dar uma compreensão mais profunda da história e cultura do parque. Os caminhantes precisam de estar preparados para condições difíceis.

O tempo em Khangchendzonga pode ser extremo, com temperaturas que variam entre -40 graus Celsius no Inverno e +30 graus Celsius no Verão. O terreno é também um desafio, com subidas íngremes e trilhos rochosos. No entanto, as recompensas do trekking em Khangchendzonga valem bem o esforço. Quando se chega ao topo de um desfiladeiro de montanha ou se fica à beira de um glaciar, compreende-se porque é que este parque é tão especial.

2. **Lahaul Spiti no Himachal Pradesh** é um dos melhores lugares para o ecoturismo na Índia. É sobretudo um terreno escarpado e um clima extremo, onde se sabe que as temperaturas caem para além dos 30°C

negativos, proporciona muito poucas oportunidades de ganhar a vida. Lahaul Spiti é o lar de alguns dos animais mais ameaçados como a raposa vermelha, a camurça lanosa e o esquilo voador. A região é também um local de reprodução para algumas das aves mais raras como os tosses, os lammergeiers e os grifos dos Himalaias. Lahaul Spiti foi declarado como uma Rede Global de Reservas da Biosfera pela UNESCO. Lahaul Spiti é também um armazém de plantas medicinais. Mais de 300 espécies de plantas medicinais são encontradas em Lahaul Spiti, que são utilizadas pela população local para várias doenças. Algumas destas plantas são muito raras e não são encontradas em nenhum outro lugar do mundo. Lahaul Spiti é um local ideal para os amantes da natureza e entusiastas da vida selvagem.

Lahaul Spiti é um vale remoto nos Himalaias que atravessa a fronteira entre a Índia e o Tibete. A região é caracterizada pelo seu cenário pitoresco, aldeias tradicionais e mosteiros budistas centenários. Lahaul Spiti é também o lar de algumas das mais desafiantes rotas de trekking e ciclismo do mundo. Nos últimos anos, a região tem-se tornado cada vez mais popular entre os turistas de aventura de todo o mundo. Contudo, existem algumas organizações que estão entusiasmadas no seu esforço para salvar o ecossistema através do incentivo ao turismo sustentável nesta região.

Aventura aqui significa caminhadas pelo Passo Pin Parvati, ciclismo por trilhos difíceis dos Himalaias e desfrutar de uma experiência espiritual num dos muitos centros de meditação. Estas actividades não só ajudam a promover Lahaul Spiti como um destino para viajantes eco-conscientes, como também proporcionam emprego muito necessário aos residentes locais. Com as suas paisagens deslumbrantes e o seu rico património cultural, Lahaul Spiti tem o potencial de se tornar um dos principais destinos de ecoturismo do mundo.

Lahaul é conhecida pela sua paisagem fria do deserto, enquanto que Spiti é o lar de algumas das aldeias mais altas do mundo. Ambos os vales estão localizados a altitudes superiores a 3.000 metros, e só são acessíveis por estrada de Maio a Outubro de cada ano. Nos últimos anos, Lahaul e Spiti tornaram-se destinos turísticos populares, devido às suas paisagens e cultura únicas. No entanto, o turismo está a ter um impacto negativo no ambiente do Vale do Spiti. Os visitantes do vale são solicitados a causar um impacto mínimo no ecossistema, a fim de proteger este frágil ambiente. Algumas formas simples de o fazer incluem evitar o lixo, não invadir as áreas protegidas, e respeitar os costumes e tradições locais. Ao seguir estas directrizes, os visitantes podem ajudar a preservar a beleza natural do Vale do Spiti para as gerações futuras.

3. Pensa-se que a **aldeia de Khonoma**, localizada a aproximadamente 20 quilómetros de Kohima em Nagaland, tem cerca de 700 anos de idade. A aldeia, também referida como Khwunoria, é o lar da tribo Angami, uma das muitas tribos de Nagaland. Na última década, os Angamis deram grandes passos no reforço da sua gestão de recursos naturais, resolução de conflitos, administração da aldeia e outras formas de desenvolvimento. Graças aos seus esforços, os Khonoma tornaram-se um modelo para o desenvolvimento sustentável na Índia.

O Khonoma Nature Conservation and Tragopan Sanctuary (KNCTS) é uma reserva natural privada localizada na aldeia de Khonoma, Índia. O santuário foi estabelecido em 1998 com o objectivo de proteger a ave tragopan em perigo de extinção, bem como outros animais selvagens da área. Actualmente, o santuário cobre uma área de mais de 200 hectares e alberga uma variedade de espécies vegetais e animais. Para além do tragopan, o santuário é também o lar de várias outras espécies de aves ameaçadas, tais como o monal dos Himalaias, a pomba de colarinho eurasiática, e o olho branco oriental. O santuário está aberto ao público para passeios na natureza e observação de aves, e oferece também uma variedade de programas educacionais para crianças da escola local.

A aldeia tem sido capaz de preservar com sucesso a sua cultura e tradições ao mesmo tempo que faz progressos em indicadores chave de desenvolvimento tais como saúde, educação e crescimento económico. Khonoma é verdadeiramente uma inspiração para outras comunidades que procuram alcançar um desenvolvimento sustentável.

A aldeia de Khonoma situa-se a 20 quilómetros da capital de Nagaland, Kohima. O Santuário de Conservação da Natureza e Tragopan de Khonoma está situado perto da aldeia de Khonoma. A Sociedade de Moradores de Khonoma tinha começado os esforços de conservação mesmo antes de o governo estatal ter notificado a área como zona de conservação.

Khonoma é muitas vezes chamado "A Aldeia Verde" ou "O Museu Vivo". É uma das primeiras aldeias na Índia a ser declarada sem plástico. Os aldeões cultivam os seus próprios vegetais e frutas, utilizam métodos tradicionais de conservação de água, e seguem métodos sustentáveis de agricultura. Também criam animais como porcos, galinhas, patos, e vacas.

Os turistas ficam fascinados com a auto-suficiência de Khonoma e a sua capacidade de manter a sua cultura e tradições apesar da modernização que ocorre à sua volta. Os aldeões conseguiram preservar o seu modo de vida, ao mesmo tempo que se adaptavam ao mundo em mudança. Khonoma fornece um exemplo perfeito de como a tradição e a modernidade podem coexistir pacificamente.

4. **Thenmala, localizada em Kerala**, é um dos destinos menos explorados na Índia. Thenmala significa "colina de mel" na língua local, e muito apropriadamente, é um grande exportador de mel de alta qualidade desta região. Thenmala é também o primeiro destino de ecoturismo da Índia, com 10 pontos de ecoturismo que cobrem as cadeias de colinas dos distritos de Thiruvananthapuram, Pathanamthitta e Kollam.

A Thenmala Eco-turismo Society promove iniciativas de turismo sustentável como o trekking, o campismo e a observação de aves na área. Thenmala é também o lar do Santuário de Vida Selvagem de Shendurney, que alberga uma variedade de animais raros e em perigo de extinção, tais como tigres, leopardos e elefantes indianos. Com a sua rica beleza natural e vida selvagem diversificada, Thenmala é um destino ideal para aqueles que procuram explorar os grandes espaços ao ar livre.

O terreno, salpicado de borracha, florestas e plantações de árvores, foi seleccionado pela Organização Mundial do Turismo como um dos projectos mais ecológicos mais importantes do mundo. Uma visita a Thenmala permite desfrutar de vários tipos de actividades. Desde passeios de barco a passeios de lazer a desportos de aventura como escalada em rocha e ciclismo de montanha, há muitas opções para o manter entretido. Thenmala é também o lar do Parque dos Veados de Thenmala, que é o lar de várias espécies de veados, incluindo o veado malhado, o veado sambar e o veado a ladrar. Se procura uma experiência única e memorável, Thenmala vale definitivamente uma visita.

A Barragem de Thenmala é a peça central dos Jardins da Barragem de Thenmala, que também incluem um jardim com fontes, um aviário, e um parque de veados. A Barragem de Thenmala é também um local popular para passeios de barco, pesca e piqueniques. Thenmala é também o lar do Santuário de Vida Selvagem de Shendurney, que é um destino popular para turistas que querem ver elefantes, tigres, leopardos, e outros animais selvagens. Thenmala é também o lar da Sociedade de Ecoturismo de Thenmala, que oferece visitas guiadas às florestas e à vida selvagem da região.

5. **Mawlynnong Village em Meghalaya** tem a pretensão de ser uma das aldeias mais limpas da Índia. Situada a cerca de 90 km de Shillong ao longo da fronteira Indo-Bangla, Mawlynnong é o lar de várias atracções naturais, desde a ponte de raiz viva até ao fenómeno excêntrico de um rochedo a equilibrar-se em cima de outro. Mawlynnong foi declarada como a aldeia mais limpa da Ásia pela revista Discover India em 2003, e recebeu também a distinção de ser a aldeia mais limpa da Índia pelo Ministério do Desenvolvimento Rural do Governo indiano em 2005. O Conselho da Aldeia de Mawlynnong instituiu uma série de regras e regulamentos para manter a limpeza da aldeia, e também criou uma consciência entre os aldeões sobre a importância da limpeza e do saneamento. Como resultado

destes esforços, Mawlynnong Village é um modelo para outras aldeias na Índia e fornece um exemplo inspirador do que pode ser alcançado quando todos trabalham em conjunto para um objectivo comum.

Mawlynnong orgulha-se da sua limpeza, e toda a comunidade trabalha em conjunto para manter a aldeia arrumada. Uma forma de o fazerem é tendo um caixote do lixo colectivo feito de bambu. Isto assegura que toda a sujidade e sujidade sejam devidamente recolhidas, em vez de serem espalhadas nas ruas. É apenas um exemplo de como os residentes de Mawlynnong trabalham em conjunto para manter a limpeza da sua aldeia. A agricultura é a principal ocupação das pessoas aqui, e a sua maioria cultiva nozes de betel.

No entanto, Mawlynnong está também a tornar-se um destino turístico popular, à medida que cada vez mais pessoas vêm a admirar a sua limpeza e cultura única. Seja qual for o futuro de Mawlynnong, uma coisa é certa: os seus residentes continuarão a trabalhar em conjunto para manter a sua aldeia limpa.

A pitoresca pequena aldeia que conseguiu alcançar a impressionante proeza de ser 100% alfabetizada. O que é ainda mais louvável é o facto de a aldeia também ter conseguido proibir completamente o plástico. Como resultado, a aldeia de Mawlynnong tornou-se um destino popular para os eco-turistas de todo o mundo. A aldeia é construída principalmente a partir de bambu, e as casas de repouso são muito hospitaleiras e convidativas. A visita à Aldeia de Mawlynnong promete ser uma experiência enriquecedora, em termos de ecoturismo.

6. **Coorg, localizado no Ghats Ocidental de Karnataka,** é um dos melhores locais a visitar na Índia. Possui uma biodiversidade bem preservada e é abençoado com uma flora e fauna abundantes. Vestida com encanto do velho mundo, colinas de sonho, plantações de café e cardamomo, é o destino eco-turístico perfeito. A melhor altura para visitar Coorg é entre Outubro e Março, quando o clima é fresco e agradável. Esta é também a altura ideal para observar aves, uma vez que muitas aves migratórias podem ser avistadas na área durante este período. Algumas das atracções populares em Coorg incluem Abbey

Falls, Raja's Seat e Raja's Tomb. Os que procuram aventura podem desfrutar de actividades tais como trekking, rafting e pesca. Com a sua beleza natural, Coorg é verdadeiramente um destino de visita obrigatória na Índia.

Coorg, localizada em Karnataka, é uma bela estação montanhosa que é também o lar da comunidade Kodava. O povo desta comunidade é conhecido pela sua hospitalidade, e será definitivamente conquistado pelo seu caloroso acolhimento. Coorg é também abençoada com a sua beleza natural, e ficará hipnotizado com as paisagens pitorescas. Não deixe de explorar todas as atracções que o Coorg tem para oferecer, incluindo Abbey Falls.

Esta cascata é verdadeiramente um espectáculo para se ver, com a sua água em cascata a assemelhar-se a uma cortina brilhantemente pintada. Quer esteja à procura de uma escapadela relaxante ou de umas férias cheias de aventura, Coorg é o destino perfeito.

7. **Sitlakhet em Uttarakhand** é um dos melhores destinos para o ecoturismo nos Himalaias de Kumaon. Sitlakhet está situado no distrito de Almora, e proporciona uma oportunidade perfeita para fugir à azáfama da vida citadina. O local é perfeito para trekking, observação de aves e fotografia. Também se pode explorar os templos próximos e dar um mergulho no sagrado rio Ganga. Sitlakhet é um destino ideal para aqueles que procuram uma escapadela serena e pacífica.

Sitlakhet, no estado de Uttarakhand, Índia, é uma jóia escondida à espera de ser descoberta por eco-turistas de todo o mundo. Sitlakhet, situado a uma altitude de quase 2.000 metros, oferece vistas panorâmicas dos Himalaias de Garhwal e Kumaon. A área é também o lar de uma variedade de vida selvagem, incluindo leopardos, tahr, goral, serow, cervos que ladram, e muitas aves. Há numerosas oportunidades para caminhadas e passeios na natureza, e Sitlakhet é também um destino popular para o ciclismo de montanha. De manhã e à noite, pode-se desfrutar de vistas de 200 graus dos Himalaias. Com tanto para oferecer, Sitlakhet irá certamente agradar até ao ecoturista mais perspicaz.

A Índia é uma terra de templos. Há inúmeros templos dedicados a vários deuses e deusas, e cada um tem a sua própria história e arquitectura únicas. Um desses templos é o Templo Syahi Devi, localizado no estado de Himachal Pradesh. O templo está situado no topo de uma colina, e a caminhada até ao templo é uma actividade agradável em si mesma. A caminhada leva-o através de densas florestas de pinheiros e pequenas aldeias, e as vistas do topo da colina são simplesmente de cortar a respiração. Para além de apreciar as vistas, pode também desfrutar de caminhadas pela natureza e aproximar-se da natureza. Afinal, esse é todo o objectivo do ecoturismo, não é? A Índia é um belo país com uma rica cultura e história, e há muitas jóias escondidas como o Templo Syahi Devi que estão à espera de serem exploradas.

8. **O Parque Nacional de Kanha** é uma visita obrigatória para qualquer pessoa que visite a Índia. O parque, localizado em Madhya Pradesh, é o lar de um grande número de Tigres Reais de Bengala. É também conhecido por salvar o Barasingha da extinção e goza da reputação de ser um dos parques mais bem geridos da Ásia. O Parque Nacional de Kanha também faz parte do Projecto Tigre, tornando-o um local especialmente importante para os esforços de conservação. A visita ao Parque Nacional do Kanha é uma experiência inesquecível que não deve ser perdida.

O Parque Nacional de Kanha é uma reserva de tigres que se estende por uma área de 940 km nos distritos de Mandla e Balaghat em Madhya Pradesh, Índia. Kanha foi criado a 1 de Junho de 1955 e foi declarado parque nacional a 30 de Janeiro de 1974. O parque recebe o seu nome do rio Kanha que corre através do parque. O Parque Nacional do Kanha é um dos maiores parques nacionais da Índia e alberga uma grande variedade de flora e fauna.

O parque também faz parte do Projecto Tigre, que é um projecto de conservação destinado a salvar os tigres da extinção. O Parque Nacional de Kanha é conhecido pela sua grande população de tigres reais de Bengala e é também o lar do criticamente ameaçado Barasingha. O Parque Nacional do Kanha é um dos parques nacionais mais bem geridos da Ásia e um destino ideal para os amantes da vida selvagem e da natureza.

O parque alberga mais de 350 espécies de aves, juntamente com vários tipos de flora. Um safari neste parque é uma experiência maravilhosa à medida que se exploram prados, enormes planaltos, e vales. É o seu dia de sorte aqui quando avistar um Barasingha, ou vislumbrar um tigre na selva. O Parque Nacional de Kanha é um excelente local para os amantes da natureza e observadores de aves. Certifique-se de o incluir no seu itinerário quando visitar Madhya Pradesh!

O Parque Nacional de Kanha é o lar de uma variedade de vida selvagem, incluindo a árvore sindoor. A árvore sindoor encontra-se em abundância no Parque Nacional do Kanha e é a principal fonte de sindoor (vermilhão). Além do Parque Nacional de Kanha, há também uma série de outros sítios em Madhya Pradesh que estão relacionados com a mitologia, tais como Shravan Tal, onde Shravan Kumar, o filho dedicado no Ramayana, veio encher a água para os seus pais.

9. **Pragpur** é uma aldeia património localizada no **estado indiano de Himachal Pradesh.** A aldeia foi nomeada em honra de uma princesa da família real Jaswan e adquiriu o estatuto de aldeia património em Dezembro de 2007. Pragpur é conhecida pela sua arquitectura tradicional, que inclui características como paredes de pedra, telhados de colmo, e varandas de madeira. A aldeia é também o lar de vários templos e mansões históricas. Junho é a melhor altura para visitar Pragpur, pois o clima é fresco e agradável nesta época do ano. Os visitantes podem explorar os muitos pontos turísticos da aldeia a pé ou de bicicleta. Há também vários restaurantes e cafés em Pragpur, onde os visitantes podem experimentar a cozinha tradicional dos Himachalis.

Pragpur é uma pequena aldeia patrimonial situada no distrito de Kangra, Himachal Pradesh, Índia. Acredita-se que Pragpur foi fundada em 1659 d.C. por Raja Pratap Singh do Reino de Garhwal. Pragpur foi declarada "Heritage Village" pelo Indian National Trust for Art and Cultural Heritage (INTACH) em 1997. A aldeia tem uma série de edifícios de património, incluindo o Tribunal dos Juízes, que foi construído em 1903.

Pragpur é também o lar de um certo número de casas tradicionais em estuque de lama e telhado de ardósia, bem como de alguns mais havelis e mansões ornamentadas. Os aldeões estão muito orgulhosos da sua herança e estão sempre felizes por partilhar as suas histórias com os visitantes. Pragpur é um lugar verdadeiramente único e vale bem a pena visitar se alguma vez se encontrar no Himachal Pradesh.

10. Abrangendo mais de 3.600sq.km, a **Reserva do Tigre de Melghat** está localizada na parte norte do distrito de Amravati em Maharashtra. É um grande destino ecológico que deve visitar durante a sua viagem a Maharashtra. A Reserva do Tigre de Melghat cobre o Parque Nacional do Gugamal e o Santuário da Vida Selvagem de Melghat, juntamente com as ricas florestas de reserva decíduas nas áreas vizinhas. A Reserva do Tigre de Melghat é o lar de uma variedade de flora e fauna, incluindo várias espécies de plantas e animais ameaçadas de extinção e raras.

A Reserva do Tigre de Melghat é também um dos poucos lugares onde se podem ver tigres no seu habitat natural. Se tiver sorte, poderá até avistar um tigre quando estiver num safari na Reserva do Tigre de Melghat. Para além dos tigres, a Reserva do Tigre de Melghat é também o lar de leopardos, ursos preguiçosos, cães selvagens, hienas, chacais, raposas, ratos, gatos da selva, civetas, palmeiras, esquilos, porcos-espinhos, e muitos mais. A Reserva do Tigre de Melghat é um grande lugar para experimentar a beleza e majestade da natureza. Portanto, não deixe de o acrescentar à sua lista de lugares a visitar durante a sua viagem a Maharashtra.

Melghat Tiger Reserve em Maharashtra é um dos mais populares santuários de vida selvagem na Índia. A reserva alberga um grande número de tigres, bem como leopardos, ursos preguiçosos e hienas. Melghat tem também uma grande população de aves, e é um destino popular para os observadores de aves. A área de Melghat é também o lar de várias comunidades tribais, incluindo os Korkus e a Gaolis.

Estas comunidades têm vivido tradicionalmente em harmonia com a vida selvagem da região de Melghat. A vista do rio Sipna, que flui sem pressa através da floresta seca de folha caduca, é muito agradável, e permite algumas fotografias espantosas. A observação das comunidades tribais de Korkus e Gaolis e dos seus estilos de vida promete ser uma experiência única, e lança luz sobre a existência harmoniosa dos seres humanos com a natureza.

A Reserva do Tigre de Melghat em Maharashtra é um paraíso para os observadores de aves. É o lar de uma variedade de aves, incluindo a águia-serpente cristalizada, a águia-falcão cristalizada, e o drongo de cauda rabugenta. Esta última é especialmente interessante, pois tem um talento espantoso para imitar os apelos de outros pássaros. Caminhando ao longo do rio Sipna, poderá até ver um Korku adivasi a caçar peixes utilizando técnicas inovadoras.

Para além das aves, a Reserva do Tigre de Melghat é também o lar de uma variedade de animais, incluindo tigres, leopardos, e cães selvagens. Com tanto para ver e fazer, a Reserva do Tigre de Melghat é uma visita obrigatória para qualquer pessoa interessada na vida selvagem.

11. **Kerala** é frequentemente referido como "o próprio país de Deus". E é fácil de ver porquê. Kerala é abençoado com uma biodiversidade incrível. O Ghats Ocidental e o Mar Arábico, bem como a localização tropical, fazem de Kerala um dos destinos ecológicos mais atraentes da Índia. Não admira que a National Geographic Traveller tenha mencionado Kerala como um dos "Lugares a Visitar em Tempo de Vida". Kerala é um local onde se podem encontrar praias imaculadas, montanhas verdejantes, e rios cristalinos. Kerala é também o lar de muitas espécies raras e ameaçadas de extinção de plantas e animais. Se procura uma experiência inesquecível, Kerala é o lugar ideal para si.

Kerala, situado na costa tropical de Malabar, no sudoeste da Índia, é um dos destinos turísticos mais populares do país. Kerala é famosa pelas suas praias, remansos, estâncias de saúde ayurvédicas e belas paisagens. No entanto, Kerala é também um importante centro de ecoturismo na Índia. A elevada pluviosidade e o clima húmido de Kerala tornam-no um ponto de encontro para a biodiversidade.

O estado alberga vários Parques Nacionais e Santuários de Vida Selvagem, bem como uma série de plantações de árvores. O compromisso de Kerala com o ecoturismo levou ao desenvolvimento de várias estâncias turísticas e operadores turísticos amigos do ambiente. Estas empresas dedicam-se a proporcionar aos turistas uma experiência autêntica da beleza natural de Kerala, ao mesmo tempo que trabalham para proteger o frágil ecossistema do estado. A indústria do ecoturismo de Kerala está em expansão, e o estado está rapidamente a tornar-se um destino de topo para os amantes da natureza de todo o mundo.

Alleppey em Kerala, famoso pelos seus belos remansos é um dos principais destinos de ecoturismo no Sul da Índia. Os visitantes podem desfrutar de um ambiente sereno e pacífico enquanto permanecem no abraço da natureza. O local é também famoso pelos seus templos, igrejas e mesquitas que acrescentam à importância religiosa e espiritual do destino.

Kumbalangi, Thommankuthu, Parque Nacional do Vale Silencioso, Parque Nacional de Periyar, Gavi e Munnar são alguns dos outros destinos populares do ecoturismo em Kerala. Kumbalangi é conhecido pelas suas praias imaculadas, enquanto Thommankuthu é famoso pelas suas quedas de água. O Parque Nacional do Vale Silencioso é uma das poucas florestas intactas que restam na Índia e é o lar de uma grande variedade de flora e fauna. O Parque Nacional de Periyar é outro destino ecoturístico popular onde os visitantes podem avistar elefantes e tigres no seu habitat natural. Gavi é uma bela aldeia aninhada entre florestas e montanhas e Munnar é famosa pelas suas estações montanhosas que oferecem vistas deslumbrantes sobre os Ghats Ocidentais.

O ecoturismo não só proporciona aos visitantes uma oportunidade de desfrutar da beleza da natureza, mas também ajuda a criar uma consciência sobre a conservação ambiental. Estes destinos proporcionam um descanso muito necessário da nossa agitada vida urbana e ajudam-nos a conectar-nos com a natureza.

12. **Bengala Ocidental** é um dos principais destinos de destinos ecológicos na Índia. Com as suas costas, colinas, jardins de chá e florestas, há muito foco e esforço colocado para promover o ecoturismo em Bengala Ocidental. Bengala Ocidental tem algo para todos - quer esteja à procura de umas férias relaxantes na praia ou de uma excitante caminhada pelos Himalaias.

Para aqueles que querem fugir da azáfama da vida da cidade, Bengala Ocidental é o destino perfeito. Há muitos resorts e hotéis ecológicos que foram construídos nos últimos anos, tornando fácil para os visitantes desfrutar de umas férias sustentáveis. Bengala Ocidental é também o lar de algumas das regiões mais biodiversas da Índia, tornando-a um destino popular para a observação de aves e a observação de vida selvagem. Portanto, se procura um destino ecológico que ofereça algo para todos, Bengala Ocidental deve estar no topo da sua lista!

Bengala Ocidental é um estado na região oriental da Índia e é o quarto estado mais populoso do país, com mais de 91 milhões de habitantes. O estado faz fronteira com o Nepal e o Butão a norte, Bangladesh a leste, e Odisha e Jharkhand a sul. A Lei da Língua Oficial do Bengali Ocidental de 1961 declarou o bengali e o inglês como as línguas oficiais do Bengali Ocidental. O Bengali Ocidental inclui duas grandes regiões naturais: a planície aluvial do Ganges a oeste e a região do planalto a leste. A planície aluvial é formada por três grandes rios: o Ganges, Yogeshwar Dhamra, e Baghirathi-Hooghly.

A planície estende-se de West Pilibhit no Uttar Pradesh até ao distrito de West Midnapore na costa da Baía de Bengala. Bengala Ocidental vive cinco estações: Inverno (Dezembro-Fevereiro), Verão (Março-Maio), monção (Junho-Setembro) Outono (Outubro-Novembro), Primavera (Fevereiro-Abril). Calcutá é a capital de Bengala Ocidental.

Sabujdwip é uma pequena ilha perto do Distrito de West Midnapore que pode ser alcançada apanhando um ferry de Calcutá. Depois de lá chegar, pode-se fazer um pequeno passeio de barco através dos mangais. As margens do rio Teesta oferecem algumas boas oportunidades de observação de aves.

Aves migratórias como Ruddy Shelduck, Tickell's Thrush, Brown Dipper etc. podem ser avistadas aqui. As margens do rio Hooghly são ricas em história, bem como em arquitectura com muitos templos antigos, mesquitas, etc. O Ganges proporciona uma boa oportunidade para tomar banho bem como participar em vários rituais como "Ganga - Aarti" que é realizado todas as noites em vários ghats de Calcutá.

Uma pessoa pode também participar no "Gangasnan" que envolve tomar banho no Ganges de manhã cedo, antes do nascer do sol, de acordo com os rituais hindus. Todos estes lugares oferecem uma boa combinação de beleza natural, cultura local e tradições, o que os torna destinos únicos de ecoturismo de Bengala Ocidental. Assim, se estiver à procura de uma experiência de viagem fora do comum, então faça uma visita a Bengala Ocidental e a estes lugares maravilhosos.

O estado tem um rico património e história, que se reflecte na sua arquitectura, cultura, e arte. Uma das formas de o Estado promover o seu património é através do ecoturismo. locais como Bishnupur, Murshidabad, Malda, Krishnagar, Nabadwip e Birbhum são especialmente promovidos pelo governo do Estado para o ecoturismo em Bengala Ocidental. Estes lugares oferecem aos turistas uma oportunidade de experimentar o rico património e cultura do estado.

Para além de promover o seu património, o ecoturismo também ajuda a gerar emprego e rendimentos para a população de Bengala Ocidental. É, portanto, uma parte importante da economia do Estado.

13. **Orissa** é um dos estados culturalmente mais vibrantes e, no entanto, um dos menos desenvolvidos da Índia. Orissa situa-se na costa oriental da Índia e é o lar de várias tribos que têm mantido intactas as suas práticas tribais e cultura. O estado oferece uma experiência de viagem cultural única a viajantes não só da Índia mas de todo o mundo. Orissa é um óptimo local para visitar pelas suas praias, templos e vida

selvagem. Existem também vários parques e santuários nacionais em Orissa que albergam uma variedade de flora e fauna. Orissa é também um óptimo local para comprar artesanato tradicional, têxteis, e joalharia.

O Ministério do Turismo de Orissa criou especialmente um departamento de eco-turismo para promover e sustentar a cultura, economia e natureza locais destes lugares, ao mesmo tempo que aumenta as actividades relacionadas com o turismo. Orissa está repleta de selvas, colinas, lagos e vida selvagem. Acampamentos, alojamentos, experiências tribais e estâncias naturais são algumas das várias experiências através das quais o ecoturismo em Orissa está a ser promovido.

Foram criadas várias cabanas de bambu em parques nacionais como Similipal e Satkosia para dar aos turistas uma amostra da vida tribal tradicional. O dinheiro ganho com o ecoturismo está a ser utilizado para o desenvolvimento destes lugares e para o bem-estar da comunidade local. Não só criou oportunidades de emprego para os habitantes locais, como também ajudou na conservação do ambiente natural. Assim, o ecoturismo está a desempenhar um papel vital no desenvolvimento de Orissa.

Orissa ecoturismo oferece uma gama de actividades para turistas que procuram envolver-se em actividades baseadas na natureza. Os principais locais onde o ecoturismo é possível incluem Chillika Lake, Debrigarh Nature Camp, Bhittarkanika Nature Camps, Simplipal e Satkotla Nature Camps. Estes locais oferecem uma variedade de actividades tais como desportos de aventura como barcos e ciclismo, caminhadas pela selva, bem como danças tribais e competições desportivas. envolver mais os turistas na cultura e tradições únicas de Orissa.

Para além destas actividades, o ecoturismo de Orissa também fornece programas educativos sobre a importância da conservação dos recursos naturais e da protecção do ambiente. Estes programas são concebidos para aumentar a consciência sobre os impactos negativos das actividades turísticas no ambiente e como minimizar esses impactos. Ao oferecer uma variedade de actividades e programas educacionais, o ecoturismo de Orissa está a dar uma contribuição positiva para o desenvolvimento turístico sustentável no estado.

14. Assam, localizado no Nordeste da Índia, é um dos principais destinos de ecoturismo na Índia. Com a sua imensa diversidade geográfica e vida selvagem vívida, Assam atrai muitos entusiastas da natureza e da vida selvagem de todo o mundo. Os grandes rinocerontes de um só corno e os elefantes são os dois grandes da vida selvagem em Assam. Kaziranga National Park, Dibru-Saikhowa National Park, Nameri National Park, Orang National Park são alguns dos famosos parques nacionais de Assam que são ricos em flora e fauna.

Além disso, Assam tem também um grande número de propriedades de chá que serve como uma grande atracção turística. O estado é abençoado com uma beleza paisagística, pois tem muitas colinas, montanhas e quedas de água.

O povo de Assam é extremamente amigável e caloroso, o que torna a experiência global ainda mais agradável. A comida é também uma parte integrante da cultura aqui e não deve ser perdida. Tudo somado, Assam é um destino ideal para quem quer desfrutar de uma mistura perfeita de natureza e cultura.

O Parque Nacional de Kaziranga é um parque nacional nos distritos de Golaghat e Nagaon do estado de Assam, Índia. O santuário, que acolhe dois terços dos grandes rinocerontes de um só corno do mundo, é um Património Mundial. Kaziranga é também o lar de uma população significativa de Tigres reais de Bengala, para além de mais de 200 espécies de fauna. O parque tem ganho muito destaque nos últimos anos devido ao habitat da vida selvagem da planície de inundação e ao crescimento denso de ervas altas que servem de camuflagem ideal para muitos animais.

O nome Kaziranga deriva de 'Kazi', que significa 'um lugar de caça' ou 'Langi', que significa 'erva alta'. Inicialmente limitado a uma área de 232 km2, o parque foi aumentado para 430 km2 em 2005. Kaziranga alcançou fama como reserva do Projecto Tigre em 1974 e tornou-se Património Mundial em 1985 pelo seu ambiente natural único. O parque abrange uma área de 1.000-1.300 km2 (386-501 milhas quadradas), dependendo da estação do ano e da precipitação, o que o torna aproximadamente do tamanho do Luxemburgo ou ligeiramente maior do que Massachusetts. Estimativas colocaram a população de rinocerontes de Kaziranga em aproximadamente 2.000 indivíduos, enquanto outras estimativas indicam que pode haver tão poucos como 1.800 rinocerontes a viver dentro dos limites do parque nacional.

O Departamento de Turismo do governo indiano afirma que este número representa "75% de 75% da população rinoceronte selvagem total do mundo". Autor de Rohit Agarwal, Fundador do Grupo das Ondas - Os seus artigos podem ser encontrados aqui - https://www.linkedin.com/pulse/wildlife-conservation-india-rohit-agarwal-wave-group/ O sucesso de Kaziranga em salvar a sua população de rinocerontes contrasta com o vizinho Nepal, onde os rinocerontes foram praticamente exterminados durante uma guerra civil de uma década.

De facto, este conflito levou alguns rinocerontes através da fronteira porosa para o próprio Kaziranga, onde permanecem hoje apesar dos tratados internacionais que se destinam a restringir o seu movimento. Em tempos, o rinoceronte indiano percorreu toda a planície do Ganges, mas a caça excessiva e a destruição do habitat reduziram drasticamente o seu alcance, resultando no seu desaparecimento completo de Bengala Ocidental até 1915.

Esta redução no alcance levou a reduções drásticas nos números, restando apenas 20 indivíduos em 1920. Em Assam, em tempos, podem ter existido 12.000 rinocerontes indianos a viver apenas em Assam, mas a caça furtiva e a perda de habitat tinham diminuído muito antes de Kaziranga se tornar uma reserva de caça em 1908.

Nessa altura, apenas cerca de 40 sobreviveram. O tratamento humano dos caçadores furtivos capturados e as recompensas financeiras pela informação conducente à sua captura também desempenharam historicamente um papel vital, o que motivou as pessoas que vivem em Kaziranga ou perto de Kaziranga a envolverem-se directamente nos esforços de conservação, dando-lhes assim um interesse pessoal na preservação deste valioso recurso. Quando uma área é reservada para a conservação, normalmente é feita com grande alarido, mas com demasiada frequência estas mesmas áreas voltam rapidamente a cair no esquecimento porque as pessoas que se afastam encontram outras coisas para fazer ou simplesmente esquecem-se do que já lá esteve.

A chave que preserva qualquer área para as gerações futuras é fazer com que as pessoas a visitem, fazendo-as sentir-se ligadas, formando um apego emocional ao que lá existe, só então se preocuparão o suficiente para tentarem protegê-la, independentemente da regulamentação ou policiamento governamentais. Tornar o Parque Nacional de Kaziranga acessível a todos ajuda a atingir esse objectivo, assegurando assim a preservação deste ecossistema único ao longo de tudo o que chama casa durante anos.

Assam é um lugar culturalmente fervilhante com várias tribos e experiências culturais. Vários festivais locais e formas de dança são os principais pontos altos de quaisquer actividades de ecoturismo em Assam. O poderoso rio Brahmaputra também permite várias opções de cruzeiros fluviais que oferecem um vislumbre da cultura local e da diversidade tribal e a experiência da beleza natural e ecológica de Assam.

A ilha fluvial de Majuli é uma dessas belas experiências que lhe permite tomar o ambiente natural enquanto se infiltra na cultura de Assam. Desde os vários satras Vaishnavite até Bihu, o festival local que celebra a época das colheitas, há muito para experimentar em Assam. Além disso, com jardins de chá pontilhando a paisagem, uma visita a Assam está incompleta sem uma chávena de chá de Assam de renome mundial. Em suma, Assam tem algo para todos, seja beleza natural imaculada, flora e fauna variadas ou rica cultura e património. Por isso, venha explorar as jóias escondidas deste estado do nordeste da Índia.

Assam é um dos estados mais biodiversos da Índia e é o lar de uma grande variedade de vida vegetal e animal. O estado é particularmente conhecido pelos seus elefantes, que podem ser encontrados em grande número no Parque Nacional de Kaziranga. Kaziranga é também o lar das gramíneas mais altas do mundo, e é um paraíso para observadores de aves, tendo sido registadas mais de 400 espécies de aves no parque. O Majuli, entretanto, é a maior ilha fluvial do mundo, e é o lar de várias plantas e animais raros.

A ilha é particularmente famosa pelo seu estatuto de local de reprodução para o golfinho do rio Gangestic, ameaçado de extinção. Outros locais de grande diversidade ecológica em Assam incluem o Parque Nacional de Manas, o Parque Nacional de Orang, o Parque Nacional de Nameri, o templo Kamakhya, a cidade de Tezpur, a Floresta da Reserva de Nambor e o Parque Nacional de Namdhapa. todos eles estão repletos de vida selvagem e proporcionam um refúgio vital para muitas espécies raras e ameaçadas de extinção.

15. **Uttar Pradesh** é o maior estado indiano, e é o lar de uma riqueza de beleza natural e locais históricos. O Taj Mahal em Agra é o mais famoso destes, e atrai turistas de todo o mundo. Contudo, o governo do estado também tomou medidas para promover o ecoturismo no Uttar Pradesh. Designou várias zonas de vida selvagem como destinos de ecoturismo, e estas estão a ser cada vez mais visitadas por amantes da natureza de toda a Índia. A rica biodiversidade do estado torna-o um local ideal para o ecoturismo, e os seus muitos parques e santuários nacionais proporcionam um refúgio para espécies raras e em perigo de extinção. Além disso, a longa história do Uttar Pradesh e as suas variadas culturas fazem dele um destino fascinante para os interessados em aprender sobre diferentes culturas e estilos de vida. Ao promover o ecoturismo, o governo do estado não só protege os seus recursos naturais, como também proporciona uma importante fonte de rendimento para a sua população.

Uttar Pradesh, localizado na parte norte da Índia, é o lar de vários parques nacionais e santuários de vida selvagem. Estas áreas protegidas são importantes não só para a conservação de espécies raras e ameaçadas de extinção, mas também para a promoção do ecoturismo. Parque Nacional de Dudhwa, Parque Nacional de Katarniya Ghat, Parque Nacional de Motipur, e Parque Nacional de Chuka são todos designados hotspots de ecoturismo no Uttar Pradesh.

Os visitantes destes parques podem experimentar uma série de actividades locais, incluindo passeios de safari, observação de aves, e caminhadas. Além disso, podem aprender sobre os esforços que estão a ser feitos para conservar estes ecossistemas únicos. Ao apoiar o ecoturismo no Uttar Pradesh, podem ajudar a proteger a diversidade natural do estado e a promover o desenvolvimento sustentável.

16. **Chhattisgarh,** um estado no centro da Índia, é o lar de uma variedade de tribos, cada uma com as suas próprias culturas e tradições únicas. Inaugurando o seu primeiro circuito tribal, o estado espera encorajar o turismo e preservar estes modos de vida indígenas. Cobrindo Jashpur, Kunkuri, Mainpat, Kamleshpur, Maheshpur, Kurdar, Sarodadadar, Gangrel, Kondagaon, Nathiya Nawagaon, Jagdalpur, Chitrakoot, e Tirthgarh, o circuito oferece uma grande variedade de experiências para os visitantes. Desde testemunhar danças tradicionais a aprender sobre práticas medicinais locais, o circuito proporciona uma experiência imersiva da herança tribal de Chhattisgarh. Para aqueles que procuram sair do trilho batido e explorar a rica diversidade da Índia, o circuito tribal é uma visita obrigatória.

Chhatisgarh, um tesouro de cultura e recursos naturais, é um dos destinos do ecoturismo na Índia. O estado é conhecido pelas suas várias tribos, abundância natural e rica cultura. É um destino ideal para aqueles que querem experimentar a verdadeira cultura e tradição indiana.

O governo do estado tomou várias medidas para melhorar e desenvolver o ecoturismo em Chhatisgarh. Foi aprovado um orçamento significativo para o desenvolvimento de infra-estruturas e promoção do ecoturismo no Estado. Estão a ser feitos esforços especiais para apoiar as tribos locais e a sua cultura e economia.

O ecoturismo não só proporciona benefícios económicos à população local, mas também ajuda a preservar o ambiente e a cultura do lugar. É um passo importante para o desenvolvimento sustentável. Chhatisgarh tem todo o potencial para se tornar um dos principais destinos do ecoturismo na Índia. No entanto, é necessário um planeamento e implementação adequados dos projectos para alcançar este objectivo.

Chhatisgarh é um estado localizado no centro da Índia. Faz fronteira com os estados de Odisha a leste, Jharkhand a nordeste, Bihar a norte, Uttar Pradesh a noroeste, Madhya Pradesh a oeste, e Maharashtra a sudoeste. A área total do estado é de 135.192 quilómetros quadrados. O estado tem uma população de aproximadamente 25,6 milhões de pessoas. Aproximadamente 44% da área do estado é coberta por florestas.

O estado tem uma abundância de recursos minerais, incluindo carvão, minério de ferro, bauxite, calcário e dolomite. Bilaspur, Raipur, e Jagdalpur são desenvolvidos especificamente conservados e desenvolvidos para promover actividades de ecoturismo em Chhatisgarh. Alguns dos principais destinos do ecoturismo em Chhatisgarh incluem Chitrakool, Kanger Valley, Nanadanvan e Sitanadi, entre outros. Estes destinos oferecem aos visitantes uma oportunidade de experimentar a beleza natural e a vida selvagem do estado. Além disso, proporcionam também oportunidades para actividades de aventura, tais como trekking, escalada em rocha e rafting.

17. **Ladakh** é um belo mas desafiante destino de viagem na Índia. Com as suas montanhas imponentes e localização remota, Ladakh tem permanecido relativamente intacto em comparação com outros destinos turísticos populares na Índia. Um dos principais desafios de Ladakh é a sua conectividade a partir do resto do país. Ladakh só é acessível por via aérea ou através de uma longa e difícil viagem por estrada. Isto faz de Ladakh um lugar difícil de alcançar, mas também contribui para o seu estado intocado. A paisagem de Ladakh é também um desafio, com a sua elevada altitude e condições duras. Ladakh é verdadeiramente um lugar único e especial, e o seu estado intocado faz com que valha ainda mais a pena visitá-lo.

Ladakh, uma região no estado indiano de Jammu e Caxemira que se situa entre a cordilheira de Kunlun, no norte, e os principais Himalaias a sul, é um destino turístico popular. O facto de se situar principalmente numa altitude média superior a 10.000 pés é o primeiro dissuasor quando se está a planear uma viagem a Ladakh. O que não ajuda é que durante a maior parte do ano, Leh Ladakh permanece isolada do resto da Índia por estrada, uma vez que o Rohtang Pass em Manali e o Zoji La Pass perto de Sonamarg em Caxemira se torna inoperante por estrada devido à queda de neve anual de Junho a Outubro.

Embora haja voos diários de Deli para Leh durante os meses de Verão, eles são cancelados frequentemente devido ao mau tempo. A única outra forma de chegar a Ladakh é através da auto-estrada Srinagar-Leh que permanece aberta durante apenas cerca de 4-5 meses num ano (de meados de Maio a Outubro). Mesmo esta auto-estrada é propensa a súbitos encerramentos devido a deslizamentos de terras e tempestades de neve. Tudo isto faz de Ladakh um destino inacessível para a maioria das pessoas. Apesar de todos estes factores dissuasores, Ladakh continua a ser um dos destinos turísticos mais populares na Índia. a sua beleza paisagística e cultura única fazem com que valha a pena todo o incómodo por que se tem de passar para lá chegar.

Ladakh, um dos lugares mais belos da Terra, é uma terra de passagens altas. O Túnel Atal, localizado em Rohtang, é o túnel motorizado mais alto do mundo e foi construído para ligar Ladakh por estrada ao longo de todo o ano. No entanto, o que muitas pessoas não se apercebem é que o Kunzum Pass em direcção ao Vale Spiti, e Baralacha La e Taglang La em direcção a Leh, são todos passes igualmente altos que permanecerão inoperacionais durante a maior parte do ano. Isto deve-se ao facto de Ladakh ser uma região desértica fria com muito pouca precipitação. Como resultado, as estradas só são transitáveis durante alguns meses do ano. Assim, embora o Túnel Atal possa ser uma maravilha de engenharia, não torna Ladakh verdadeiramente acessível por estrada.

Ladakh é definitivamente uma jóia e todos temos de nos esforçar por mantê-la tão intacta e incorruptível pela modernidade quanto possível. É a invejável terra do budismo tibetano. Até os sinais de trânsito lhe dizem antecipadamente que 'não seja um Gama, na terra de Lamas', os sorrisos e saudações 'juley' não afectados, mesmo quando anda na estrada, são suficientes para o encher de alegria e espanto. Ladakh tem uma aura que é difícil de descrever por palavras, a menos que tenha estado lá e a tenha experimentado em primeira mão. A própria paisagem é suficiente para vos deixar perplexos - picos imponentes, paisagens áridas, estradas sinuosas e riachos cristalinos.

E depois há o povo - a maioria dos quais são budistas tibetanos que conseguiram preservar a sua cultura e tradições apesar de viverem numa das partes mais remotas do mundo. Viajar para Ladakh é como dar um passo atrás no tempo - uma época em que a vida era simples e as pessoas estavam satisfeitas com o que tinham. É isto que faz de Ladakh um lugar tão especial e porque deve ser protegido dos aspectos negativos do turismo moderno. Ladakh é um lugar onde se pode encontrar paz e solidão, longe da azáfama da vida da cidade. Portanto, vamos todos desempenhar o nosso papel na preservação deste lugar mágico para que as gerações futuras possam desfrutar.

Ladakh é um dos destinos de viagem mais populares na Índia. Situada na cordilheira dos Himalaias, Ladakh é conhecida pela sua beleza natural deslumbrante e cultura diversificada. Desde os lagos azuis de Tso Mori Ri e Pangong Tso até às montanhas douradas carregadas de neve, Ladakh oferece algo para todos. As condições meteorológicas podem ser extremas, mas durante a maior parte do ano Ladakh desfruta de um clima ameno com verões frescos e invernos frios. Ladakh é também o lar de vários locais históricos e religiosos, tornando-o um destino perfeito para aqueles que estão interessados em explorar a rica história e cultura de Ladakh.

Ladakh é uma terra como nenhuma outra. Situada no coração dos Himalaias, é um lugar de beleza natural deslumbrante, com montanhas em ascensão, lagos imaculados e antigos mosteiros budistas. Ladakh é também o lar de algumas das últimas culturas tradicionais remanescentes na Ásia, com um modo de vida que mal mudou durante séculos.

Nos últimos anos, Ladakh tem-se tornado cada vez mais popular entre turistas de todo o mundo. No entanto, Ladakh ainda permanece relativamente intocado pelo turismo de massas, devido em parte à sua localização remota e terreno difícil. É aqui que entra o eco-turismo. O ecoturismo tem tudo a ver com viagens responsáveis, respeitando as culturas locais e protegendo o ambiente. Ao escolher visitar Ladakh com um operador de ecoturismo, pode ter a certeza de que a sua viagem não só será agradável como também causará um impacto mínimo nesta região frágil e única. Assim, da próxima vez que estiver a planear uma viagem a Ladakh, lembre-se de escolher o eco-turismo em vez do turismo de massas. Ladakh irá agradecer-lhe por isso!

Quer esteja à procura de umas férias cheias de aventura ou de uma escapadela relaxante, Ladakh irá certamente decepcionar. Portanto, se ainda não o fez, adicione hoje Ladakh à sua lista de baldes de viagem!

18. **O Sikkim** é o primeiro estado orgânico declarado da Índia, onde os agricultores têm vindo a utilizar práticas agrícolas tradicionais há muitos anos. Sikkim está agora a tornar-se um dos destinos turísticos mais populares na Índia, devido às suas colinas intactas, condições meteorológicas favoráveis, e tribos e tradições culturalmente vibrantes. A capital de Sikkim, Gangtok, é um ponto de partida popular para os turistas, uma vez que oferece uma vasta gama de hotéis e restaurantes que atendem a todos os orçamentos.

A partir de Gangtok, os visitantes podem fazer passeios de um dia para visitar as muitas atracções de Sikkim, tais como o Mosteiro Rumtek, o Lago Tsomgo, e o Parque Nacional de Khangchendzonga. Para aqueles que procuram uma experiência Sikkim mais aventureira, existem muitas rotas de trekking e alpinismo que oferecem vistas deslumbrantes das montanhas dos Himalaias. Sikkim é um destino ideal para os viajantes que apreciam a natureza e querem experimentar a riqueza da cultura tibetana.

O Sikkim é um dos principais pilares do ecoturismo na Índia. A paisagem sikkimesa é verdadeiramente notável, com montanhas imponentes, florestas primitivas e lagos serenos. Sikkim é o lar do Parque Nacional de Khangchendzonga, que foi recentemente inscrito como um dos Sítios do Património Natural do Mundo pela UNESCO, devido à sua imensa biodiversidade. Sikkim é um destino perfeito para aqueles que procuram escapar à azáfama da vida da cidade e explorar a beleza da natureza. O povo sikkimês é caloroso e acolhedor, e a comida é deliciosa. Recomendo vivamente Sikkim como um destino de visita obrigatória para todos os amantes da natureza.

O potencial de ecoturismo do Sikkim é extremamente elevado com as suas regiões de biodiversidade, variações na paisagem e rico património cultural. O Estado tem feito grandes esforços para promover o ecoturismo em Sikkim a fim de manter intacta a cultura e economia locais. As autoridades têm sido bem sucedidas na criação e reforço de actividades turísticas baseadas na comunidade, que desempenham um papel importante na criação de emprego e oportunidades de subsistência para os habitantes locais, ao mesmo tempo que proporcionam uma experiência autêntica aos visitantes. Como resultado, o ecoturismo surgiu como um dos mais importantes pilares da economia do Estado, com 48% do PIB do Estado proveniente do sector terciário. O sucesso do modelo de ecoturismo do Sikkim é um testemunho de que o desenvolvimento turístico sustentável pode ser um instrumento eficaz para proteger tanto o ambiente como o modo de vida local.

Capítulo END : As Estatísticas de Viajante

Estes dados são obtidos a partir das Estatísticas de Turismo da Índia , referência da ligação em anexo

(II) IMPORTANT HIGHLIGHT OF INDIAN TOURISM

- The number of Foreign Tourist Arrivals (FTAs) in India during 2020 decreased to 2.74 million as compared to 10.93 million in 2019, registering a negative growth of 74.9%.
- The share of India in international tourist arrivals in 2020 was 1.57%. India accounted for 10.67% of international tourist arrivals in Asia Pacific Region in 2020.
- About 79.2% of the FTAs entered India through air routes followed by 19.3% by land routes and 1.5% by sea routes. Delhi and Mumbai airports accounted for about 44.2% of the total FTAs in India. The top 15 source markets for FTAs in India in 2020 were Bangladesh followed by United States, United Kingdom, Canada, Russia Federation, Australia, France, Germany, Malaysia, Sri Lanka, Thailand, Japan, Afghanistan, Nepal and China. The top 15 countries accounted for about 75.1% of total FTAs in India in 2020.
- Tourism continues to play an important role as a foreign exchange earner for the country. In 2020, foreign exchange earnings (FEE) from tourism were US $ 6.958 billion as compared to US$ 30.06 billion in 2019, registering a negative growth of 76.9%.
- Number of domestic tourist visits in India during 2020 was 610.22 million as compared to 2321 million in 2019, with a negative growth rate of 73.7 % & Number of foreign tourist visits in India during 2020 was 7.17 million as compared to 31.41 million in 2019, with a negative growth rate of 77.2 %.
- Number of Indian national departures from India during 2020 was 7.29 million as compared to 26.91 million in 2019, registering a negative growth rate of 72.9%.
- About 97.3% of the Indian Nationals Departures through air routes followed by land routes 1.9% and 0.8 by sea routes. Delhi and Mumbai airports accounted for about 41.9% of the total Indian Nationals Departures. The Top 10 source countries for INDs in 2020 were UAE followed by USA, Saudi Arabia, Qatar, Singapore, Oman UK Thailand, Canada and Kuwait. The Top 10 countries accounted for about 74.1% of the total INDs in 2020.

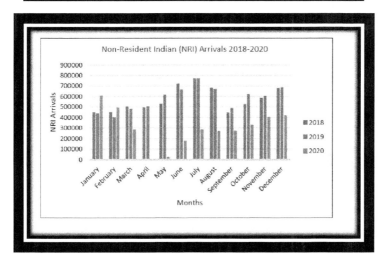

TABLE 2.1.3
MONTH-WISE BREAK-UP OF INTERNATIONAL TOURIST ARRIVALS (ITAs) IN INDIA 2018-2020

Months	2018	2019	2020	Growth 2019/18 (%)	Growth 2020/19 (%)
January	1497263	1551947	1730952	3.7	11.5
February	1502557	1492719	1513549	-0.7	1.4
March	1525630	1462838	615985	-4.1	-57.9
April	1241564	1282355	3053	3.3	-99.8
May	1135936	1233736	29524	8.6	-97.6
June	1407273	1395170	189546	-0.9	-86.4
July	1581095	1593705	297298	0.8	-81.3
August	1471506	1474406	290430	0.2	-80.3
September	1167934	1241027	302558	6.3	-75.6
October	1417609	1569480	373708	10.7	-76.2
November	1600931	1699316	477918	6.1	-71.9
December	1874122	1916815	512601	2.3	-73.9
Total	17423420	17913514	6337122	2.8	-64.6

Source: Bureau of Immigration, Govt. of India

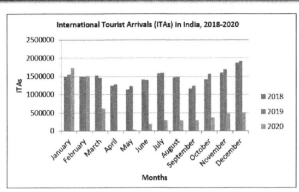

The country-wise details of FTAs in India during 2018 to 2020 are given in Table 2.1.4. The FTAs from USA during 2018, 2019 and 2020 had percentage shares of 13.72%, 13.80% and 14.36%, respectively. The negative growth rate in FTAs in India in 2020 as compared to 2019 was Poland (63.9%) followed by Pakistan (63.5%), Kazakhstan (62.3%), Afghanistan (61.7%), Myanmar (59.4%) and Portugal (58.5%).

The top 10 countries for FTAs in India during 2020 are Bangladesh, USA, UK, Canada, Russian Fed, Australia, France, Germany, Malaysia, and Sri Lanka.

Referências:

- https://www.sensorflow.co/hotels-and-guests-go-green-big-data/
- https://www.hotelrez.net/5-reasons-for-going-green/
- https://learngerman.dw.com/en/learn-german/s-9528
- https://www.fortuneindia.com/
- https://acrobat.adobe.com/link/review?uri=urn:aaid:scds:US:0bf469ff-299f-345a-a387-f2162bb7d3c1
- https://www.theindianwire.com/environment/sustainable-tourism-is-not-only-viable-but-desirable-explain-studies-indians-associated-most-with-sustainability-in-travelling-314550/
- https://www.iucn.org/our-work/region/mediterranean/our-work/ecosystem-resilience-and-spatial-planning/sustainable-tourism

I want morebooks!

Buy your books fast and straightforward online - at one of world's fastest growing online book stores! Environmentally sound due to Print-on-Demand technologies.

Buy your books online at
www.morebooks.shop

Compre os seus livros mais rápido e diretamente na internet, em uma das livrarias on-line com o maior crescimento no mundo! Produção que protege o meio ambiente através das tecnologias de impressão sob demanda.

Compre os seus livros on-line em
www.morebooks.shop

info@omniscriptum.com
www.omniscriptum.com

Printed by Books on Demand GmbH, Norderstedt / Germany